臺灣歷史與文化 研究輯刊

十四編

第 16 冊

八、九○年代臺北城市
「生活空間」文學書寫研究（下）

張 志 帆 著

花木蘭文化事業有限公司

國家圖書館出版品預行編目資料

八、九〇年代臺北城市「生活空間」文學書寫研究（下）／張
志帆 著 — 初版 — 新北市：花木蘭文化事業有限公司，2018
〔民 107〕
目 6+144 面；19×26 公分
（臺灣歷史與文化研究輯刊十四編；第 16 冊）
ISBN 978-986-485-599-5（精裝）
1. 中國當代文學 2. 文學評論
733.08   107012707

ISBN-978-986-485-599-5

9 789864 855995

臺灣歷史與文化研究輯刊
十四編　第十六冊　　　　　　ISBN：978-986-485-599-5

八、九〇年代臺北城市「生活空間」文學書寫研究（下）

作　　　者　張志帆
總 編 輯　杜潔祥
副總編輯　楊嘉樂
編　　　輯　許郁翎、王筑　美術編輯　陳逸婷
出　　　版　花木蘭文化事業有限公司
發 行 人　高小娟
聯絡地址　235 新北市中和區中安街七二號十三樓
　　　　　　電話：02-2923-1455 ／傳真：02-2923-1452
網　　　址　http://www.huamulan.tw 信箱 hml 810518@gmail.com
印　　　刷　普羅文化出版廣告事業
初　　　版　2018 年 9 月
全書字數　279073 字
定　　　價　十四編 16 冊（精裝）台幣 38,000 元

八、九○年代臺北城市「生活空間」文學書寫研究（下）

張志帆　著

目

次

上 冊

第七章 八、九○年代臺北城市「生活空間」文學書寫中的住與行

　　「住」與「行」是人類生活之必須。「住」使人類有個安身立命之樓所，「行」則使人類自由移動至各地活動。八、九○年代臺北城市快速發展，因人口增多，高樓大廈林立，交通運輸日趨繁忙發達，形成了複雜的「住」、「行」空間。在這樣的「生活空間」中，關於「住」、「行」文學書寫，作家以作品除了描摹、重現當下的物質環境空間，更細緻寫下空間裡城市人的內心狀態。本章前二節聚焦於臺北城市「住」的空間的文學書寫：分從「建築空間的形塑」與「居住空間的人際關係」兩方面探討；後兩節則是鎖定「行」的空間的觀察：分從「通行空間」與「街道空間」進行觀察。

第一節　建築空間的形塑

　　城市是由眾多建築物所組成，建築空間有別於自然場域，係透過人類智慧所建造，或遮風避雨、或觀光嬉遊、或象徵紀念的人造空間，是人類文明的展現。關於建築與城市的關係，建築師吳光庭說：

> 建築是城市發展過程中最主要的手段，建築也成為城市中最具文化
> 內涵的場所，無論其反映的城市歷史、社會變遷、風格形式與空間
> 使用，建築總是最直接的告訴我們，其所在城市的文化特徵及後續
> 發展。〔註1〕

城市是人類文明的結晶，也是建築的集合體。城市的發展過程，在不同的階段有不同的文化，各種的建築反映出城市的歷史與社會變遷，因此吳光庭指

〔註1〕 吳光庭著：《城市風格與建築形式》（臺北：文建會，1994），頁9。

出建築正是一座城市的文化風貌及歷史發展的見證。今日走進臺北這座大城市，放眼望去最明顯的景觀即是一棟棟高聳直入天聽的建築，高樓大廈的林立同時也代表著臺北的進步與繁榮。本節所指討論的「住」的空間，主要指人們白日駐留的場所，包括工作、生產與消費的空間，如：辦公室、營業場所等公共空間，以及夜晚（假日）休憩、旅遊及住宿的空間。臺北從 1900 年日治時期「都市計畫」開始現代化建設，進入七○年代後城市規模大幅擴張，至八○年代已是座極俱現代規模的城市，「高樓建築」的景觀文化至八○年代正式成為臺北城市新貌。鄧宗德分析主要原因有二：一是七○年代末期臺灣產業升級，在高科技產業如新竹科技園區的推波助瀾與「新國際分工」〔註2〕的經濟模式崛起，臺灣成為亞洲新興工業國家（Asian NICs）的代表，經濟上更有「亞洲四小龍」之美譽。「新國際分工」正是法國社會學家涂爾幹（Emile Durkheim）所提出的「社會分工」理論的實踐。整個社會，甚至在「全球化」的整個全球國家裡，將是一整個不同而相互配合的系統。城市在「社會分工」的結構之下，將形成一個獨特的個體且透過全球化的城市連結，以不同的形式而得以發揮。在「新國際分工」的模式下臺北成為世界經濟體的轉運中心之一，其功能由早期農產品輸出轉型為國際貿易與金融服務的城市，臺北東區的信義計畫區更因此成為臺灣的新經濟樞紐。其二是在政府財力及地景生產力有限下鼓勵民間投資，因此大量民間資金投入競爭利率高的房地產。大量金融服務業人口進駐與資本競逐之下，短短幾年內臺北，尤其是八○年代開始規劃超過一百五十公頃的信義計畫區為臺灣的「中心商務區」（CBD）。重要的建築標的如「臺北市政府」、「臺北世界貿易中心」以及曾創下世界第一高建築的「臺北一○一」皆聚集於此。信義計畫區內百貨商場匯集、五星級飯店林立、國際企業總部紛紛進駐，連同全臺地段最貴、房價最高的豪宅也薈萃雲集於此。八○、九○年代的臺北正式邁向國際大城，城內高樓林立，超高層樓的摩天大廈正式成為臺北支配性的地景新貌。〔註3〕

〔註2〕「新國際分工」係指是跨國公司在全球範圍內合理配置資源，尋找滿意的生產地，尤其是將一些常規的、技術含量低的生產過程轉移到欠發達國家，改變了以往只在這些國家進行原料生產或初級加工、而在發達國家進行最終產品生產的國際勞動分工格局。詳見王志弘譯：《都市社會學資本主義與現代性》中的「新國際分工論題」，頁 35～37。

〔註3〕「高樓建築」的景觀文化成為八○年代的臺北的地景分析詳見鄧宗德著：《八○年代臺北市支配性都市地景形成之研究》（臺北：臺灣大學建築與城鄉研究所碩士論文，1991）。

　　深受現代主義思潮影響且擅長描寫時代變遷的作家白先勇，在其小說〈遊園驚夢〉中就透過錢夫人的口吻對臺北十幾年的建設快速變化做了城市速寫：

> 竇夫人伸出手來，摟著錢夫人的肩膀往屋內走去，「我去叫人沏壺茶來，我們倆兒正好談談心——你這麼久沒來，可發覺臺北變了些沒有？」錢夫人沉吟了半晌，側過頭來答道：「變多嘍。」走到房子門口的時候，她又輕輕地加了一句：「變得我都快不認識了——起了好多新的高樓大廈。」〔註4〕

女主角錢夫人曾是大陸秦淮河畔著名的女伶，尤其〈遊園驚夢〉的杜麗娘一角更是其拿手絕活，該戲碼更是錢夫人演藝生涯的顛峰代表作。臺北是遷臺後的臨時首都，戰後的臺北正等待重建。國民政府剛遷臺時僅城中一帶最為繁華熱鬧，有「現代化的櫥窗」美譽之稱的臺灣第一家百貨公司——菊元百貨（國民政府接收後改名為臺灣中華國貨公司）加上瞭望臺約七層樓高，已是當時全臺高度數一數二的建築。幾年之後，當錢夫人再度重回臺北時「好多新的高樓大廈」已成為她對臺北最深刻的印象。作家以對比的方式，透過小說的居住經驗，寫下再次來臺北的城市時居住空間的環境變化。進入七○年代後臺灣經濟迅速起飛，以致城鄉經濟差距過大。「城市」成為了繁榮的象徵，也因此關心百姓生活的鄉土文學作家們，如黃春明、陳映真、王禎和（1940～1990）等人對農村青年進城打拼此一題材的描寫上即明顯呈現，他們立基於城市是罪惡淵藪，鄉村才是純樸和善之烏托邦的思考角度，在作品中反映著中下底層小人物的悲苦，給予了冷酷「城市」無情的抨擊。

　　八○年代以後，臺北正式邁入現代化國際城市之林，1980 年的臺北市人口統計已達 222 萬，將近是臺灣第二大都市高雄人口的兩倍。〔註5〕城市早已成為現代人重要的安身處所、生活空間，二元對立的書寫並無法讓城市的全貌得以展現。因此「都（城）市文學作家們試圖重寫鄉土文學筆下刻板化的都市面貌，重新書寫都市中高樓大廈、公寓與人的關係」〔註6〕。對八○年代的城市作家群，黃怡婷指出：

〔註 4〕白先勇著：〈遊園驚夢〉，《臺北人》，頁 292。

〔註 5〕1980 年城市人口統計，第一名為臺北市 222 萬 0427 人，第二名為高雄市 120 萬 2123 人，第三名為臺灣省臺中市 59 萬 3427 人。見行政院經濟建設委員會都市及住宅發展處編：《都市及區域發展統計彙編》（臺北：三民書局，1980）

〔註 6〕黃怡婷著：《八○年代以降臺灣公寓書寫之研究》（臺南：國立成功大學臺灣文學研究所碩士論文，2009），頁 29。

　　試圖提出新文類誕生的創新，藉由書寫各種都市元素（如：公寓、大
　　廈）呈現都市各種人物面貌，都市不再是跨國企業、資本主義的象徵，
　　都市文學重新書寫公寓、高樓大廈，並且賦予不同意義。〔註7〕

有別於鄉土作家各自不同的出發點與觀照角度，他們認同鄉土、拒斥城市，
將城市元素如建築等視爲「資本主義」的象徵。然而八○年代的作家群如林
燿德、黃凡等人生長於城市之中，城市經驗就是生活的體現，「生活」成爲城
市文學家最關注的課題。透過觀察甚至親身體驗，更關懷在高壓的城市生活
裡，城市人的身、心靈、生活模樣，因此一樣透過城市元素，「重新書寫公寓、
高樓大廈，並且賦予不同意義」以呈現出城市人的各種面貌並建構新的城市
文化，爲八、九○年代臺北「生活空間」留下了豐富的住、行的文學書寫。
以下整理作家作品對於「建築空間的形塑」這個主題的描述，將分從建築外
觀、實體、窗的內外、城市天際線——頂樓

一、建築外觀

　　高樓大廈的林立，是進入臺北城市空間時，給人們的第一個印象。善於
透過城市裡的各種不同空間與各種活動現象，來捕捉現代人的心情思緒作家
黃凡。在八○年代後期作品一系列偏重以「城市」爲主題的書寫，被譽爲城
市文學的代表作家。〔註8〕他在《財閥》中寫下從遠端眺望城市建築的亮眼外
貌：

〔註7〕同前註，頁29。

〔註8〕黃凡的創作文類以小說爲主，兼及散文。其作品深入臺灣政治、社會、文化
　　　之核心，批判並挖掘人性的多重面，許多作品如《賴索》、《傷心城》、《反對
　　　者》及《慈悲的滋味》等，皆曾引起廣泛的注意。在八○年代黃凡創作的質
　　　與量，即被譽爲臺灣最傑出的新世代小說家之一。八○年代前期側重於政治
　　　小說的創作，後期則偏重都市文學的經營。葉石濤曾稱他：「是屬於知性型作
　　　家，他已超過了鄉土文學。從現代社會各種活動現象，來凝視人性和行爲。
　　　他代表了八○年代的創作目標與創作的方向。」他所關注的面向是小說的外
　　　在形式和系統理論，其理論是根據現實而來的。九○年代初，黃凡自文壇退
　　　隱，隱居中部，潛心學佛。沉潛十年後，他再度以《躁鬱的國家》、《大學之
　　　賊》復出文壇，再將時下的迷亂、病態寫進小說裡，誇張嘲諷間摻採著眞實
　　　性，重新與臺灣社會展開對談。對此呂正惠認爲「近二十多年臺灣小說家中
　　　最掌握臺灣社會整體『動態』的人」，讀者及評論家對黃凡仍有很深的期待。
　　　見封德屏編：《2007 臺灣作家作品目錄》上網日期 2015.8.22　　網址：
　　　http://www3.nmtl.gov.tw/writer2/writer_detail.php?id=263

　　任何一個晴朗的下午，不管開那種廠牌的汽車，你只要從高速公路
下來，並且一不小心把視線偏離了灰灰的單調的路面，你的眼睛便
會被來自東北方某個閃閃發光的物體刺了一下，於是你用力眨眨眼
皮，第一眼那個物體看起來像是枚剛從熔爐裡取出的銀幣。……它
的表面由一萬兩千片銀色不銹鋼片構成，精巧的焊接技術消除了接
縫的痕跡。〔註9〕

《財閥》內容描述富可敵國的大企業家賴樸思的傳奇人生，藉由其私生子何
瑞卿的角度描繪資本主義下的企業集團為了利益犧牲一切也在所不惜的企業
幽暗面。企業總部是位於臺北的巨大建築，在開車進入臺北之前的高速公路
上遠遠即可看見。在陽光的照映下，整個建築大樓有如「從熔爐裡取出的銀
幣」。作家以金光閃閃的硬幣來譬喻企業大樓，更呼應了資本社會裡的金錢世
界。現代式的高樓建築採鋼骨結構，一根根巨大的鋼筋矗立其中，再運用混
凝土作每一層的樓板以加強大樓的結構與耐度。建築的外表以銀色不銹鋼片
包覆，銹鋼片猶如一面面的鏡子。大樓在陽光照應之下，遠遠望去熠熠生輝，
光彩耀眼且奪目。作家寫出遠眺城市建築的閃耀光芒，不只是城市繁榮富貴
的象徵，同時也呈現出人們對於城市致富的夢想渴望。

　　城市建築外貌的光彩奪目書寫，同樣見於朱天文的筆下。作品《荒人手
記》中也刻畫了臺北建築大樓的華麗：

　　凌雲通商大廈，白色琺瑯板由川崎制鐵進口，配銀藍反射熱控玻璃，
　　造價貴過花岡岩和帷幕牆一倍。摩天天際線，信義路以南敦化南路，
　　是北冰洋候鳥過境臺北須縱身一躍的飛行地帶。〔註10〕

《荒人手記》在一次小韶與好友永桔一起拿著貴賓券看免費戲完，並肩走在
在天橋上時，小韶望著一棟高聳的建築大樓。大樓的外貌是採日本進口的高
級白色琺瑯板，琺瑯板同時兼具金屬的鋼性與玻璃的硬度及美觀。白色琺瑯
板的包覆更顯現出大樓的高雅，搭配上「銀藍反射熱控玻璃」特殊的玻璃材
質是一種可阻擋太陽熱能直接穿透光線的材質，其玻璃同時兼具美觀因而造
價昂貴。在此，這段城市建築的外觀書寫中，朱天文刻意透過對建築材質的
描述，以其文字創作技巧「祭起了『文字煉金術』，以纏綿繁複的意象修辭，

〔註9〕黃凡著：《財閥》（臺北：希代書版公司，1990），頁5～7。
〔註10〕朱天文著：《荒人手記》，頁167。

偽百科全書式的世故口氣，築造了她的『色情烏托邦』。」〔註11〕是不計瑣碎的書寫，試圖透過專業的知識符碼刻劃了出臺北城市高樓的華麗面貌。

二、建物實體

　　遠眺高樓大廈金碧輝煌，近距離站在大樓建築前，龐然大物佔據眼簾，其雄偉的模樣，更有一種無形的壓迫感。鄉土作家代表的陳映真，於 1980 年發表的〈雲〉就刻畫出華盛頓大樓的氣派：

> 他一邊望著雨中的華盛頓大樓，一邊走著。走到華盛頓大樓的正對面，他看見這分成四棟的十二層樓建築，像一座巨大的輪船，篤定、雄厚地停泊在他的對面。走廊的柱子，是黑色的大理石片砌成的。在細雨的澆洗之下，整棟大樓的大理石顯得乾淨而明亮。無數的窗子，整齊、劃一地開向大街。有少數幾扇窗子已經站著日光燈，透過輕薄的紗帳，向大街透露出青色的燈光來。樓下的幾個大門，都用不同花色的鐵柵鎖著。鐵柵上寫著各行號商店的名字，有餐廳、銀行、輪船公司、建築公司，還有一家西服店。他抬起手，看了看腕錶：才七時過二十分，整個大樓都還在沈睡之中。〔註12〕

創作於八○年代初期的〈雲〉是「華盛頓大樓」系列小說的第三部，陳映真對城市主題的書寫仍是延續先前鄉土作家的精神，探討資本主義的壓迫及跨國企業對臺灣經濟、文化的侵略。〔註13〕由於「華盛頓大樓」系列小說均描寫跨國資本企業進駐來臺後，臺灣社會被資本主義壓榨的經濟現況，尤其關注小人物被壓迫的情形。系列小說中陳映真均透過主角發聲，對社會的不平提出吶喊與呼喚。〈雲〉敘述主角張維傑與女工趙月香、文秀英等人爲了爭取勞工權益，企圖組織工會並之跨國公司相互抗衡的故事。陳映真筆下的「華盛頓大樓」是高大的建築大樓，大樓裡面是跨國企業所在地。而「華盛頓」同時也是美國區域名稱及人名，作者以此命名，同時也讓這棟大樓兼具資本主義的象徵。小說對大樓外貌華麗且雄偉的描述，同時也述說著資本主義的面向。華盛頓大樓高聳建築，共有四棟建築，是一個極大企業集團的據點。

〔註11〕朱天文著：〈序論〉，《花憶前身》，頁 7。
〔註12〕陳映真著：〈雲〉，《陳映真小說集（四）萬商帝君》（臺北：人間出版社，1995），頁 30。
〔註13〕「華盛頓大樓」系列小說之說見趙剛著：《求索：陳映真的文學之路》（臺北：聯經出版公司，2011），頁 142。

作家寫到站在大樓正前方的感受「像一座巨大的輪船，篤定、雄厚地停泊在他的對面。」透過龐大輪船的比喻，除了述說建築大樓的雄偉外觀外，也展現出個人與財團對抗的樣貌懸殊。龐大建築下的走廊是大理石柱，採高挑的設計，質地堅硬外貌高雅，如同大家對外商的形象一般。早晨七點多，商業區尚未活絡，城市剛從沈睡中甦醒，整棟華盛頓大樓聳立張維傑眼前，有一種令人屏息不敢直視的莊嚴。事實上，「華盛頓大樓」成為一個象徵，以其為名的系列小說忠實地記錄了臺灣邁向八○年代，跨國公司的設立，資本商業的競爭加劇的情形。

　　黃凡在小說〈大時代〉裡，主角希波開車回辦公室的途中，由窗外所見無不是建築大樓的高聳壯觀：

> 車窗外，林立的大廈、巧克力色的骨架，閃閃發光的鍍水銀玻璃、
> 巍峨壯觀像是銀行金庫的現代化醫院，看起來恰似一張張嚴肅、冷
> 靜、不動情感企業家的臉。〔註14〕

主角希波原本是任職中部一間學院的助教，後來經由姊姊的前男友蔣穎超介紹下，進入了霍氏企業集團工作。原本單純的生活投身進入了這金錢帝國後，一切都不一樣了。在金錢交易熱絡，商業往來是利益至上的「新道德觀」〔註15〕裡，讓他喘不過氣來。在一次和美國商人辛甫遜完成一件商業交易後，回辦公室的路上，希波看見窗外的大樓林立。身旁的建築大樓有著「巧克力色的骨架」高大矗立身旁，外牆的「鍍水銀玻璃」在光線的反射下光芒四射，整棟醫院「巍峨壯觀像是銀行金庫」般……這棟充滿金錢、商業氣息的龐然大物，姿態傲悍霸氣，正是資本主義下臺北城市建築氣氛的展現。

三、窗的內外

　　城市建築高聳直入天聽，倘從高樓內往外看有如「登泰山而小天下」，整座城市景色盡收眼底。黃凡的〈命運之竹〉中有梁先生從高樓上「天池餐廳」眺望遠方的書寫：

> 我離開噴水池，進入附近的一座大廈，電梯直達頂樓的「天池餐廳」，
> 從這裡可以俯視整個廣場和燈火輝煌的東區。幾年來，每個月我總

〔註14〕黃凡著：〈大時代〉，《大時代》，（臺北：時報文化出版公司，1982），頁10。
〔註15〕黃凡著：〈大時代〉，《大時代》，頁10。

會選擇一、兩天駐足於此，有時白天、有時夜晚。〔註16〕

黃凡的〈命運之竹〉敘述梁先生的母親因錯算臺北東區的土地購買而遺憾終生的故事，主角梁先生定期至八里療養院探望以失智的母親——梁媽媽，結束後時常會來到「天池餐廳」眺望這塊讓母親遺憾終身的傷心地。〈命運之竹〉是臺北城市變遷的縮影，城市空間裡有人獲得土地致富，也有人錯失而失落，黃凡以帶嘲諷的方式呈現人們對財富的渴望與幻滅。這天在探望療養院的母親後，梁先生開車駛進了市區，到了「國父紀念館」附近多撥了電話回家卻聯絡不到妻小，於是一個人離開噴水池來到需搭電梯到頂樓的「天池餐廳」。在這裡可以俯視整個城市夜景，有寬廣的紀念館廣場，還有燈火光輝燦爛的城市之光。「天池餐廳」的城市夜景不只美麗，看著窗外底層的車水馬龍，同時還回憶起過去的美好時光，梁先生自述「我第一次發現它時，覺得像找到知心的朋友，在窗邊一張小桌旁，我度過了一段段回憶的時光。」〔註17〕在喧囂的城市裡，梁先生在這享受片刻的清幽，看著遠方的城市夜景開闊且安寧。作家讓主角置身於高處，試圖將自己抽離這喧囂的城市，遠離城市、甚至遠離家人，以「上帝視角」來俯視城市的一切。面對母親的憾恨，彷彿述說的小市民們對城市崛起裡的財富渴望與失落的呈現。

城市裡的大樓建築緊鄰公共空間時，往往有寬闊的視野可以欣賞城市景觀。但在商辦大樓林立的大廈中，比鄰而居的卻是一棟棟玻璃建築，反而有壓迫之感。林燿德擅長不同文體的多元創作，包含論述、詩、散文、小說和劇本各具特色。〔註18〕林燿德同時也是八○年代「城市文學」的重要推手，除了自我本身創作一連串的「城市」主題作品之外，還編輯了《新世代小說大系‧都市卷》，推行「城市文學」不遺餘力。其小說〈巨蛋商業設計股份有限公司〉中就描寫到主角工作在辦公大樓往外看的即景是：

> 我的辦公室窗外是仁愛路四段上一整排特大號的墳墓。我指的是那一整排玻璃帷幕大廈怎麼看都令人感到一股陰森森的感覺；也許是窗玻璃的顏色太深，也許是臺北的空氣太髒……〔註19〕

〔註16〕黃凡著：〈命運之竹〉，《曼娜舞蹈教室》（臺北：聯合文學出版社，1990），頁118。
〔註17〕黃凡著：〈命運之竹〉，《曼娜舞蹈教室》（臺北：聯合文學出版社，1990），頁118。
〔註18〕關於林燿德的文學特色，詳見封德屏編：《2007臺灣作家作品目錄》上網時間：2015.8.11 網址：http://www3.nmtl.gov.tw/Writer2/writer_detail.php?id=850
〔註19〕林燿德著：〈巨蛋商業設計股份有限公司〉，《大東區》（臺北：聯合文學出版社，1995），頁135。

〈巨蛋商業設計股份有限公司〉敘述公司裡的「設計部」主任被挖角後，其餘六位六位副主任皆覬覦主任的位置。也因此原本關係不錯的六個人，開始勾心鬥角展開一場明爭暗鬥的主任爭奪戰。在公司裡大家互相猜忌、相互競爭，整個部門籠罩在風雨欲來的詭異氣氛中。這樣的氛圍讓主角望向窗外的其他棟大樓時，一棟棟建築竟像「一整排特大號的墳墓」座落在臺北市精華的仁愛路四段上，竟感覺到一股陰森森的氣氛。除了職場上的感受外，「芝加哥」式的高樓建築，強調建築簡單大方且實用，不像「巴洛克」式建築一樣講究雕龍畫鳳的華美裝飾，成為了二十世紀末期以來臺北城市的主要建築風貌。也因此一棟棟的商辦大樓均為鋼骨建築、皆為玻璃帷幕。方方正正的樣子比鄰而居，從大樓窗外看去彷彿一整排特大號的墳墓林立於其中。加之臺北空氣的污濁，讓玻璃大樓的深色更顯陰森之感。臺北雖不是工業城市，但汽、機車的密集度卻是世界數一數二，每天交通運輸工具所造成的空氣污染極為嚴重。除了林燿德寫下「臺北的空氣太髒」，朱天文也在《荒人手記》中寫下「在那大廈裡的人，俯瞰時，見無物，只有一片太陽光也難穿透的渾黃沙暴」〔註 20〕站在摩天大廈的高層處，由上往下俯瞰臺北的地景，此刻的臺北充滿渾黃沙暴道。空氣中的塵霾遮蔽了路面的車水馬龍，遠方的城市建築陷入一張漫漫灰網。

再看〈上班族的一日〉裡的憑窗而望的臺北城市的「市容」：

> 矗立於這二段接三段的十字路口周邊的，高低、形狀各異的大樓，
> 在陽光下，帶著各自的幾何圖案似的陰影，穩固、安靜地站著。但
> 是地面上卻是一片川流似的人和車的往來，在交通號誌的指揮中，
> 尤其在俯看之下，自有一種韻律。而華盛頓大樓，因著它的赭黃色
> 的大理石建材和獨到的設計，在日光下，尤其的出眾。豪威西餐廳
> 的雙層玻璃窗，把原本十分嘈雜的市聲，全部摒除於外。櫛比而來
> 的車子、穿梭其間的機車、潮水似的人的流徙，在林立的、靜默的、
> 披浴著盛夏的日光的高樓巨廈……都彷彿皆以窗為銀幕，無聲地、
> 生動地、細緻地上演著。〔註 21〕

以上透過作家們的文學書寫，小說人物們站在城市大樓裡，向外遠眺，以窗

〔註 20〕 朱天文著：《荒人手記》，頁 167。
〔註 21〕 陳映真著：〈上班族的一日〉，《陳映真小說集（三）上班族的一日》，頁 150
　　　　～151。

爲屏幕，看見了壯闊的市容——流動著高樓巨廈周邊擁擠的人潮、車潮，隱而未見卻可以感知的是流動的資金潮所帶動的是城市資本化的律動，而資本化市場所帶動的「空間分工」〔註22〕，又結構和決定了城市生活的輪廓。另一方面，也藉由作家的描述投射出城市人內心——反映他們身處權力金錢的競逐場中，被籠罩的巨大的緊張與壓力。

四、城市天際線：頂樓

建築大廈的外觀高大魁梧，站在其頂層眺望遠方，別有一番滋味。林燿德在其作品〈幻戲記〉中化身爲城市裡的貓，站在建築的頂端眺望城市：

> 剛剛我才至這個區域邊緣的一棟大廈樓頂上仔細地觀察過地形，一圈圈漸層向假想中點陷落的建築，周沿被一連串的現代化巨廈密密包裹起來，當中全部是六〇年代以前的矮舊樓房、日式平房以及貼滿浪板的磚屋，各種錯雜的顏色與材料一格格填滿向中央低陷的平面；狹長而曲折的小徑與巷道，有如鉛灰色的筆跡，沿著棱角的螺線，在這行帶點神秘的現代畫面上，單調、冰冷而不厭其煩地隔離開更小的區域，令我想到「波普藝術」的細膩和殘酷。〔註23〕

貓具有輕盈的身軀，與善走於屋簷四方特性。當貓被棄養而化爲城市裡的流浪者時，牠就時常出沒於城市裡的建築之中與大街小巷裡。林燿德捉補到城市貓的特性，以貓的視角站在「一棟大廈樓頂上仔細地觀察過地形」同時也放眼看待整個城市的面貌。八〇年代的臺北城市裡，大樓建築是一棟棟的築起，然而尚未來得及參與都市變更的舊式建築，尤其是六〇年代以前建築，矮舊樓房、日式平房「周沿被一連串的現代化巨廈密密包裹起來」更顯突兀。

八〇年代全世界資本主義大興，各大城市進行改造新建，無不想擠進國際之都。於是，衰敗城市舊區的拆除，以及面對「城市之瘤」的整治，是每座城市建設發展時的必經之痛。舉如香港繁華無比的「中環」與背後的貧民區大坑。全世界金融中心的紐約「曼哈頓」與高犯罪比例的「布魯克林區」。上海被黃浦江一分爲二的「浦西」的老上海風華與「浦東」的經濟特區隔江

〔註22〕瑪西《空間分工》收入賽門‧派克（Simon Parker）著，王志宏、徐苔玲譯：《遇見都市：理論與經驗》（臺北：群學出版社，2007），頁152～153。

〔註23〕林燿德著：〈幻戲記〉，《一座城市的身世》（臺北：時報文化公司，1987），頁35。

眺望相望，無不形成強烈的對比。八〇年代，臺北東區的信義計畫區是新崛起的繁華新世界，與西區「城中」一帶的沒落形成對照，而僅隔一條淡水河的「左岸」〔註24〕更是一群群來自中南部人們北上打拼，追求臺北夢的聚集地。臺北「左岸」的違章建築、鐵皮加蓋，矮小破舊的樓房，彎曲且凹凸不平的巷弄交會，與另一端的世貿大樓及新落成的臺北市政府景觀大不同。

　　城市小說中不乏對城市的「都更」的記述，同一座城市，不同的兩端，展現並存的不同的世界景觀。林燿德的城市貓置身建築高處，看見舊式平房，在有所損壞時以「馬賽克」式拼貼縫補，與一旁的新建築大廈相互對比形成不協調的景象，對此林燿德以「波普藝術」來詮釋這樣的空間意象。「波普藝術」〔註25〕的特徵是將大眾生活的的材料以拼貼、複製與合成的方式來呈現的大眾通俗藝術。損壞的舊式建築，或材料有限、或材料昂貴，住戶以現有簡單的物材隨意填補，加之舊建築巷弄裡的狹小與曲折的路徑，從高樓頂端遠眺，有如一幅而造成「波普藝術」的現代畫展。

　　這種「波普藝術」式的城市遠眺的圖景，在朱天文〈世紀末的華麗〉也得以看見。主角米亞站在九樓陽臺上眺望臺北景象：

> 這是臺灣獨有的城市天際線，米亞常常站在她的九樓陽臺上觀測天
> 象。依照當時的心情，屋裡燒一土撮安息香。違建鐵皮屋佈滿樓頂，
> 千萬家篷架像森林之海延伸到日出日落處。〔註26〕

敘述模特兒米亞十八歲到二十五歲的生活經歷的〈世紀末的華麗〉，在與已婚

〔註24〕鍾文音的小說《在河左岸》描寫女主角黃永眞一家由南部搬遷至臺北謀生的生活景況。和大部分南部人一樣住不起昂貴的市區，只能落腳在淡水河的左岸──三重埔。一河之隔，透過臺北橋連接，工作於臺北市區，居住於三重，「左岸」成爲臺北文學上三重的代名詞。今日「左岸」亦有指與淡水相遙的八里一帶，是八里觀光業推行的新名詞。

〔註25〕「波普藝術」（Pop Art，又譯爲「普普藝術」或「通俗藝術」）是一個探討通俗文化與藝術之間關連的藝術運動。其特徵爲：（1）破精緻藝術與俗藝術的區分。藝術已不再是停留於美術館的典藏地位，而生活化的大眾通俗流行，也可以是藝術的規範。（2）生活化，而不見得是生活藝術化。出現在我們週遭的平凡事物或事件，也可以透過藝術形式，呈現在我們的日常生活之中。（3）創作的無深度化（平面化或短訊息化）。藉由複製與合成的技法，表現作品的內涵，因大量製作的關係，使得畫面構成趨於平面化或廣告化。（4）創作的商業化、市場化。物質社會的形成，帶來商業行爲的必要性，而普普風格正是符合商業與市場的宣傳媒介，也爲平面構成設計開啓了另一扇窗。見楊裕富、林萬福著：《後現代設計藝術》（臺北：田園城市文化公司，2002）

〔註26〕朱天文著：〈世紀末的華麗〉，《花憶前身》，頁201。

年紀可作父親的老段同居生活時，居住在城市裡九樓的公寓裡。九樓公寓的安樂窩是米亞與老段甜蜜空間，在鐵皮屋搭建的陽臺裡，米亞與老段成天膩在一起觀看臺北獨有的天際線——鐵皮屋，同時也一起看著日出與日落的城市景象。從九樓高處望眼望去，臺北市「違建鐵皮屋佈滿樓頂，千萬家篷架像森林之海延伸到日出日落處。」鐵皮違建的頂樓加蓋景觀是臺北特殊的城市風貌，謝家銘指出：

> 「頂加」，一個臺灣特有的都市現象，不同於第三世界國家的那種存在於「貧民窟」才有的「鐵皮」象徵，在臺灣的都市裡，這樣的空間可能不光僅是一種「需求」下的空間、「非正式」的空間；在這裡，「頂加」身處於正式與非正式的角力戰鬥下，成爲居住者展現自發性力量的一塊「場所」。〔註27〕

頂樓鐵皮加蓋是臺灣特殊的現象，臺北城市人口眾多，住宅大樓林立，其鐵皮加蓋的程度也是居臺灣之最。在第三世界裡因爲經濟匱乏，頂樓加蓋成爲了「貧民窟才有的鐵皮象徵」。然而臺灣的頂樓鐵皮加蓋卻有其歷史因素，一開始國民政府視臺灣爲暫時的中繼站，後臺灣經濟起飛，最小成本換取最大利益，簡單廉價且方便的頂樓鐵皮加蓋，成爲臺灣尤其是大都會裡的城市地景。〔註28〕在地狹人稠的臺北生活，許多出外人爲了在此謀生減低經濟負擔，不少人會選擇高樓頂層的加蓋建築。「鐵皮蓬架，顯出臺灣與地爭空間的事實，的確，也看到前人爲解決平頂燠曬防雨所發明內外交流的半戶外空間。」〔註29〕與地爭空間的情況下，高樓上再往上加蓋鐵皮，多出來的生活空間中同時還可達到「燠曬防雨」之效。臺灣的頂樓加蓋除了居住的基本需求外，

〔註27〕謝家銘著：《屋頂上的「家」——以臺北縣市公寓「頂樓加建」的居住空間作爲人與空間關係研究》（桃園：中原大學建築學系碩士論文，2009），頁 13。

〔註28〕國民政府遷臺，當時的政府以臺灣作爲反攻大陸的臨時根據地，爲了解決臨時性以及突然暴增人口的居住問題，對於基礎建設的建造，都以粗糙簡陋快速的現代建築代替。例如眷村、戒嚴時期的公共建設，都是抱持著短暫不永久的心態，而隨著臺灣經濟快速起飛，大小工廠如雨後春筍般冒出，廉價建造快速節省空間的鐵皮屋迅速的成爲拼經濟的重要基地，鐵皮劃過天際，看板招牌爲了博取利益及能見度，也爭先恐後的擠出自己的位子，DIY 加蓋的行爲，變成一般民眾解決建築空間問題的方法之一，以最小成本換取最大利益。見曾永玲著：〈臺灣加蓋現象之文化探討與應用〉收錄於《2009 中華民國設計學會第 14 屆設計學術研究成果研討會論文集》（臺北：中華民國設計學會，2009），頁 1。

〔註29〕朱天文著：〈世紀末的華麗〉，《花憶前身》，頁 201～202。

長期生活已成為家的一部份，也因此透過頂樓「居住者展現自發性力量的一塊場所」。鐵皮屋其實就和藍白拖或臺客一樣，某種程度展現了臺灣在七〇年代經濟起飛時期的草創精神，代表來自民間的生命活力。於是，在水泥叢林的環繞下，城市人被禁錮在這狹小的建築空間，尤其是大樓裡的一間間公寓更是永不見天日的密閉空間，頂樓多出來的場域，放眼望去是遼闊的城市天際線，可舒展心靈讓身心暢快，所以米亞成天在九樓陽臺上眺望。

　　頂樓除了眺望遠方，其空間內也可種植盆栽以綠化心靈。與姐姐同為九〇年代城市文學代表作家的朱天心，其作品〈佛滅〉則寫下頂樓的綠地陳設：

> 有次老板的媳婦以示親密的帶他們到報社樓頂去，那裡正施工中，
> 到處莫名其妙的矗立著些醜陋的角鋼架，老板媳婦介紹著，這裡將
> 建造一座屋頂花園，是請了一位當紅的建築師規劃設計過的，隨即
> 四處指著哪裡將植什麼，哪裡將是草坪。他無法想像美麗的遠景，
> 只被樓頂好冷的風刮得四肢麻木，阿雲卻興趣盎然的四下走著頻頻
> 驚呼……〔註30〕

〈佛滅〉這個講述投身於反對運動的男女主角的城市實際體驗。朱天心以「在一次報社老板的媳婦為討好主角而帶他們一群人來到報社樓頂參觀正興建中的屋頂花園。建築師規劃下的屋頂花園有各式各樣的庭園景觀，未來完成後，將是綠色草皮滿地，放眼望去是一片綠意盎然的遠景……，雖然現在到處都是『醜陋的角鋼架』，樓頂上也被『好冷的風刮得四肢麻木』。」的情節片段，暗示「高舉的改革的正當口號，表面上是道貌岸然，私底下卻是各種政治計算，心口不一，一切都是利益考量的行為」。在這段文學書寫裡，「頂樓」的意象出現了反諷對照的機能。

　　如果鐵皮屋的存在代表庶民的需求，也許我們重新思考屋頂形式在機能與美學間取得平衡〔註31〕——一樣是鐵皮，透過彩繪、綠化也可以讓顏色說出不一樣的故事。謝家銘指出「頂加所建構出來的綠地空間及其上所見的天空感知覺等等，一再地說明了居住在都市中的人們還是會去追求一種面對自然融合的渴望。」〔註32〕樓頂的開闊，不論遠眺或是綠地空間的呈現，都代

〔註30〕 朱天心著：〈佛滅〉，《我記得……》，頁 196。

〔註31〕 陳子弘著：《臺灣城市美學：在地覺醒的亞洲新風貌》（新北市：木馬文化出版，2013），頁 44～45。

〔註32〕 謝家銘著：《屋頂上的「家」——以臺北縣市公寓「頂樓加建」的居住空間作為人與空間關係研究》（中壢：中原大學建築學系碩士學位論文，2005），頁 13。

表城市人在狹小的生活環境裡追求自然環境的渴望。雖一片片五顏六色的家鐵皮加蓋極為醜陋，卻是居住者自發性力量力量的「場所」展現。而一片片的鐵皮顏色繽紛，滿布整個臺北城市的天際線，這種混亂、拼貼、個人化的城市圖景正是林燿德口中的「波普藝術」，更是臺北城市特有的「通屬地景」〔註33〕。

第二節　居住空間的人際關係

城市是人類為了追求美好而生的產物。城市裡人群的活動創造了繁榮，繁榮又衍生出更多活動，再度吸引了更多的人群。早期人群只是為了交易而短暫停留，之後城市漸漸為了愈來愈多人方便參與活動，又增加了居住的功能。〔註34〕住是人必要的生活空間，在這個空間裡，有一層的保護能讓人遮風避雨，這樣的空間稱之為住宅。關於住宅空間的說解，諾伯修茲（Christian Norberg-Schulz，1926～2000）指出「一個被給予的地方，它可能是綠茵的草地或灰色的街道，進一步來說，住所意指擁有一個可讓心智開花及心靈沈思的房子。」〔註35〕諾伯修茲認為人所安身的住所除了客觀遮風避雨的空間——房子外，還需包含著「心智開花及心靈沈思」兩個特點，此即是「家」。克蕾兒‧馬可斯（Clare Cooper Marcus，1953～）則進一步加以解釋：「家屋滿足了許多需求：它是表達自我的地方、記憶的容器、外在世界的避風港，也是一個繭，讓我們在其中得到滋養，卸下武裝。」〔註36〕而約翰‧布雷蕭（John Bradshaw）也說：「家會給你一個永恆的歸屬感，它讓你活出最熱情和有力的

〔註33〕建築學者康旻杰在一篇以臺北為研究對象的論文中，把這種混亂、拼貼、個人化、實用主義及非正規經濟考量下所衍生出的都市地景，視為荷蘭建築師庫哈斯（Rem Koolhaas）所謂的「通屬城市」（generic city）之典型，他認為「通屬城市地景作為都市現實的載體，卻不服膺規畫設計的人為秩序，反而透過容格（Jung）所稱的『集體無意識』，任意蔓延成一種直覺式的城市共通經驗」。見康旻杰著：〈集體無意識與文化完型：臺北原生地景與通屬地景的空間辯證〉收錄於《臺北學國際學術研討會論文集：重訪臺北：隱喻想像與賦形蛻變》（臺北：臺北市文化局，2006），頁93。

〔註34〕陳子弘著：《臺灣城市美學：在地覺醒的亞洲新風貌》，頁144。

〔註35〕季鐵男編：《建築現象學導論》（臺北：桂冠圖書公司，1992），頁199。

〔註36〕克蕾兒‧馬可斯（Clare Cooper Marcus）著，徐詩思譯：《家屋，自我的一面鏡子》（臺北：張老師文化事業公司，2000），頁10。

人性經驗。」〔註 37〕「家」是許多人的成長記憶容器、是人外在世界受傷時的避風港，它更給予每個人一份安定且永恆的歸屬感。由此可知「家」是個讓人遮風避雨的住宅，同時也包含著身心靈的安頓之處。在寸土吋金的繁華大城市裡，因土地有限，家的空間被壓縮了。沒有了寬廣的個人「綠茵的草地」，取而代之的是一間間如籠子般的狹小集合式住宅——公寓。

六○年代末期，臺北邁向經濟起飛之際，生活空間開始起了變化。為了因應城市裡過多的人口以致空間往往不敷使用，在物盡其用的原則下，以最小的土地面積，作最大的使用效益。土地共同持分並水平分割所有權的「公寓」式集合體住宅，開始成為臺北人的住宅空間主體。1967 年，位於忠孝東路與敦化南路口的「安樂大廈」是臺灣第一棟超過十層的住宅大廈，不但是臺北現代、進步、繁榮的象徵。更在名人的加持下導演李翰祥（1926～1996）、劉家昌（1943～）、明星江青、甄珍（1948～）都是第一批的住戶，可謂成眾星雲集，成為臺北的著名地標。也因此郭良蕙（1926～2013）〔註 38〕的《臺北一九六○》〔註 39〕即以該大樓為創作空間主體，以十三個短篇小說串連出六○年代的臺北生活空間的圖景。小說中描述新建成的「安樂大廈」豪華氣派，裡面住著律師、科長、公務人員、粉領新貴……等人，住在此地同時也是一種高尚的社會表徵。〈死靈魂〉裡的石韻影是標準的臺北交際花，愛慕虛榮、追求名牌，享受奢華人生。〈瑪莉袁〉裡的瑪莉袁，歷經婚姻的失敗後投入職場，憑著美貌得到外商公司的工作。進階為粉領新貴後，打扮時髦、舞廳狂歡、享受下午茶，甚至成為美國外商的情婦。〈婚姻之外〉的康乃立娶了大公司千金小姐為妻，從此由飛黃騰達成為了公司高階主管。公寓裡的每一個人，看似過著令人羨慕的美好生活，卻也都有不為人知的面。石韻影因為男友的不忠、身體的不潔，發誓報復天下男人。瑪莉袁一心想成為美國新娘，甚至拋棄了自己的兩個孩子及過去，換來的卻是一場情場遊戲。人人羨慕的康乃立，為了現有的富貴生活，只能看妻子臉色過活，甚至充當妻子麻將桌旁的服務生。住在公寓裡的這群人，面對競爭激烈的臺北生活，每個人都有自己的生存之道。看似光鮮華麗的城市生活，往往都有不同的面向在其中。

〔註 37〕約翰・布雷蕭（John Bradshaw）著，鄭玉英、趙家玉譯：《家庭秘密：重返家園的新契機》（臺北：張老師文化事業公司，2000），頁 61。

〔註 38〕關於的郭良蕙文學特色，詳見封德屏編：《2007 臺灣作家作品目錄》，上網日期 2016.8.10 網址：http://www3.nmtl.gov.tw/Writer2/writer_detail.php?id=1475

〔註 39〕《臺北一九六○》原名《生活的窄門》。

八〇年代以降，臺灣有將近百分之七十五的人口居住於以公寓爲主的集合式住宅，而臺北市更是高達九成五以上的市民公寓居住之中，也因此「公寓」成爲臺北住宅空間的代名詞。「公寓」本應該是可以讓人們安身立命的「家」，但城市人長期的工作壓力與在狹小的空間裡，有如鳥籠般的生活。原本是讓人紓放的空間反而處處受到侷限而產生心理的無形壓力。定居於臺北的琦君，曾回憶七〇年代她的公寓生活：

> 住公寓房子以來，我最不喜歡在陽臺上東張西望，因爲放眼沒有青山綠水，見到的面孔都木木然悻悻然，……回想當年阡陌交通，雞犬相聞的農業社會，……他們所謂的鄰居，住得並不一定很近，可是他們的心卻靠的很近。〔註40〕

放眼望去不是青山綠水，而是一棟又一棟的高樓大廈。雖然彼此之是一牆之隔的「比鄰而居」，但城市人的冷漠、疏離之感與鄉村鄰人之間的情感有如天壤之別，因此琦君不喜歡公寓生活。 她寫下自己七〇年代的公寓生活，正是城市人的寫照。這時的臺北又比郭良蕙筆下的《臺北一九六〇》更加進步繁華。八〇、九〇年代臺北公寓的密度之高、人口之多令人乍舌。由於城市空間有限，爲了經濟效益，建築大樓裡的房間規劃往往有一致性，林燿德寫下城市中的公寓房間樣貌：

> 走在大理石壁板嵌鑲的長廊間，每間套房標示的只是銅製的三位數號碼，在渙發淡金色的廊燈下，迴轉著流利的光澤。一排排房間連繫在一起，卻是一個個孤立的時空單位，令我想到潛水艇中的狹小隔艙。當靴聲地經過長廊，那些成單成雙跳號的門板都用窺視孔上的凹凸鏡窺視著我的側影。有許多不同的秘密被堆砌在門板後的房間，然而此刻，我卻被那些秘密的擁有者悄悄觀測，在進入自己房間之前必須容忍的磨難。〔註41〕

高級的大理石壁板嵌鑲在公寓大樓的走廊上，每間套房都只有一個三位數字的編號。華麗的公共空間設計「在渙發淡金色的廊燈下，迴轉著流利的光澤」。套房孤立並排猶如潛水艇中的隔艙一樣，大門上的透視鏡更像是偷窺孔一般注視著外面人的身影，而自己走進自己房間之前，都必須先走過那長長的長廊，當然也需忍受那被偷窺的磨難。也因此在這密閉空間的長期居留，衍生

〔註40〕琦君著：《三更有夢書當枕》（臺北：爾雅出版社，1975），頁134。
〔註41〕林燿德著：〈房間〉，《迷宮零件》（臺北：聯合文學出版社，1993），頁16。

出了不少身、心、靈不適的種種生活問題。作家透過細心的觀察與親身的體驗，在故事的公寓生活描寫中，掌握了城市裡的空間特質。

一、空間主權的宣示與捍衛

物競天擇是動物的生存法則，在資源有限的環境裡，人與動物一樣為了生存皆會展現出自我保護的一面。城市生存競爭激烈，尤其在寸土寸金的臺北裡能有屬自己的居住空間實在不易，也因此當獲取空間主權時，每個人皆以不同的方式來宣示自己的主權。黃凡小說〈慈悲的滋味〉以第一人稱寫作視角呈現，「我」為主角小葉，以大學生的身分入住公寓。講述擁有一棟公寓的房東老太太，因懷抱著對社會報恩與救贖，在遺囑中註明要將公寓送給了住在裡面十八名房客的故事。小說是社會關係的正映，人與人相處因習慣關係不同、個性的迥異而或多或少有些摩擦。故事的開始大家也是如此，但因為彼此之間都是租賃關係，所以縱使不如意，房客們之間也不太計較，大家的關係也還算和諧。但當房東老太太過世之後，十八名房客開始因為空間關係的不同而起了心理變化。原本各自是租賃的公寓空間，如今則成為了自我的財產，空間上的使用也就斤斤計較，此正呼應了傅科的「空間 v.s.權力關係」之論說，空間成為自我主權的宣示。首先二樓的蔡家四口的蔡太太宣佈不再負責清潔二樓客廳。房客們也紛紛計較起公共空間的使用權，每一個房客開始算計自我的利益，並以各種手段來宣示自己的空間主權：

> 寒假過後（像作了一場夢，對在南部家中的我，辛老太太公寓發生的那些事，不啻春夢一場。），我以一種清新的姿態回到臺北的公寓。但此地已經變了樣子，簡直像個「災區」。
>
> 我在樓梯口發了一陣子呆，心裡泛起一種站在垃圾堆中的感覺。完全不一樣了，這個地方像挨過一枚炸彈，我必須踢開垃圾桶、碎紙片、成綑的舊書報才能回到房間。〔註42〕

客廳裡開始堆放個人物品、房間裡大聲歌唱，房客彼此之間傳播各式各樣的毀謗及惡性流言。原本乾淨與和諧的公寓空間，竟如此不堪。對於〈慈悲的滋味〉中公寓空間的變化現象，林秀姿指出：

> 這個公寓產權的轉移過程，讓我們看到了私領域侵入公共空間的身

〔註42〕黃凡著：〈慈悲的滋味〉，《慈悲的滋味》（臺北：聯合報社，1984），頁81。

　　體節奏……。每個人在公共空間的身體節奏，在一開始藉由身體的
　　各種活動強調自己在公共空間的所有權，它包括生活物品的堆置、
　　生理身體聲音、活動破壞等對於空間的佔據。〔註43〕

公共空間本應該是大家所共同享用的園地，當房東老太太還在時，有一個最
高的主宰者與強而有力的規範在，但當她過世時，這強勁的約束力即風吹湮
滅。城市的住宅空間本來就十分有限，人與人之間競爭激烈，當道德力量在
「需求層次理論」中的「安全需要」層級時毫無約束力可言。當原本的公共
空間被私領域所佔領之後，佔據即是空間自我主權的宣示具體表現。除了佔
據公領域之外，在私領域的捍衛也是宣示主權獨立的方式。

　　〈帶我去吧，月光〉〔註44〕是朱天文離開學生生活後再度寫回眷村的故
事，比起當年的燦漫青春，多了個是更多的現實無奈與城市煩憂。故事敘述
八〇、九〇年代都會女性上班族的愛情記事。小說中女主角佳瑋為廣告公司
文案，一家住著是國宅公寓──「國宅蓋好，他們家抽籤分到東座一間第五
樓的房子，三房一廳，衛浴廚房。」〔註45〕入住之後，家人們便開始為了房
間的布置與顏色的粉刷意見相左而起爭執「重新訂制沙發墊和套子，程太太
主張選織花布，佳瑋嫌太土，要米白粗紋的，程太太嫌太素，爭執不下」〔註
46〕就算是同一個家人，也常因為個性與審美觀的不同而有爭執。家裡的公共
空間無法自行做主，「佳瑋心一灰，從此不過問房間佈置，只求守住屬於自己
的房間，大肆發揮理想。」〔註47〕因此由自己的房間──私領域的捍衛來宣
示自己的主權：

〔註43〕林秀姿著：《重讀1970以後的臺北──文學再現與臺北東區》（臺北：國立臺
　　　　灣大學建築與城鄉研究所博士論文，2002），頁85。
〔註44〕〈帶我去吧，月光〉是說女主角佳瑋有一位忠厚善良卻剛毅木訥的男友，在
　　　　一次香港出差時遇見了商界精英份子夏杰甫，他為人幽默、善於交際，佳瑋
　　　　因此出軌。由於佳瑋是新時代女性的代表，她不甘如傳統女性回歸平凡如水
　　　　的日子，而勇於追求新鮮刺激的情事。她將這段臺北、香港遠距離的戀情放
　　　　在心裡，並以「JJ王子與美美」的漫畫塗鴉，化身為兩人的甜蜜幸福世界。
　　　　每次看著「JJ王子與美美」時，佳瑋自覺幸福洋溢。後來佳瑋再度到香港，
　　　　發現夏杰甫當初只是逢場作戲。最後佳瑋在浴室裡將「JJ王子和美美」的所
　　　　有漫畫付諸一炬後，以「選擇性的遺忘」來抹除這段不堪回首，邁向新的人
　　　　生方向。
〔註45〕朱天文著：〈帶我去吧，月光〉，《世紀末的華麗》，頁61。
〔註46〕同前註，頁61。
〔註47〕同前註，頁62。

　　她把自己幾坪大房間弄成後現代感的空間漠漠，似乎在裡面講出來
　　的話都會變成透明壓克力線條。她回家把房門一關，塗鴉，聽音樂，
　　一窩幾小時不出。程先生夫婦不敢隨便闖進她房間，對他們而言，
　　裡面這個世界的確太陌生了。〔註48〕

一家之主為家裡的長輩們，在公共空間領域裡有著絕對的主導權，這是傳統
的東方家庭的縮影。在教育普及的八○、九○年代裡，雖然口頭上說會尊重
孩子的決定，但在重大決策上，如升學、婚姻，家中長輩有絕大的影響力。
無法在公共空間領域發聲的女主角至少決心捍衛自我的私領域——自己的房
間。學廣告設計的女主角，將自我的房間設計為後現代風格。以冷色調為主
軸的設計，凸顯出現代城市人內心的冷漠之感，而這樣的效果十分驚人，竟
讓程爸爸、程媽媽不敢隨便闖入這「陌生」的世界。佳瑋透過自己強而有力
的空間布置，果真成功達到捍衛自我主權的效果。透過角色人物的刻畫，作
家也呈現出八○、九○年代社會家庭結構轉變下，生活習慣的變遷。上個世
代是屬於大家族生活，親戚之間共同生活於同一宅院，一家人更是睡大通舖，
毫無隱私可言。八○、九○年代小家庭結構的興起，每個人可以有自己的空
間，個人隱私變多了，但城市生活，人口繁多，在密集的住宅空間裡，彼此
間需要妥協。民主社會裡人權的高漲，空間主權的自我宣示，同時也是人權
的展現。城市人知識水平較高，對自我的權利也往往更為計較，更不允許受
侵犯。作家透過主角對於自我領域的空間捍衛，同時也呈現出臺北城市人的
自主性高及對空間主權的重視程度。

二、比鄰而居的隔閡與窺伺

　　城市人口集中，尤其是公寓式住宅更是在最小的空間中容納最多的人數。
大家雖住在同一棟公寓大樓中，坐同一座電梯、出入同一座門口，卻往往是點
頭之交或是形同陌路而形成最熟悉的陌生人。王幼華（1956～）的文學特色之
一，即是擅長捉補現代城市人內在的畸零感受，試圖以小說呈現出城市化之下
社會文化的風貌及演化變遷。〔註49〕〈健康公寓〉與〈麵先生的公寓生活〉分
別透過公寓各層樓住戶們各自的生活寫照，寫出城市裡人與人之間的淡薄冷漠

〔註48〕同前註，頁62。
〔註49〕關於王幼華的文學特色，詳見封德屏編：《2007臺灣作家作品目錄》，上網日
　　　　期2016.8.18　網址：http://www3.nmtl.gov.tw/Writer2/writer_detail.php?id=107

的關係。〈健康公寓〉爲一棟四層樓公寓，住戶分別以 A 至 H 來區別：

> 社區中的某棟坐南朝北，背著日出方向的四層樓房。正好是一九八
> ○年底的地方選舉，候選人正無孔不入的四處拜訪。

> 清早，健康公寓一樓 A 的榮利雜貨店王老闆，陪著位體面身穿高級
> 西服，滿臉笑容的候選人。由本樓的 B 號開始，逐一的做問候拜訪，
> 懇請諸人惠賜神聖的一票，投給這位真正爲民喉舌、苦幹實幹，腳
> 踏實地有服務熱忱的候選人。〔註50〕

小說一開始正逢選舉的季節，一樓雜貨店的王老闆帶領著候選人逐層拜票，隨著候選人的逐層拜訪而得以窺見公寓內的陳設與狀況，進而述說每一個家庭的故事。不同於郭良蕙以具體的「安樂大廈」來述說，王幼華刻意以英文編碼來模糊〈健康公寓〉中每一個家庭，藉此表達這是一個整體城市而非單一座公寓的概念。大家雖住在同一空間中，但彼此的關係卻是相當冷漠。如：住戶 A 的雜貨店王老闆與住戶 B 的建築工頭詹先生，原本沒有交集的兩個人因爲地下室閒置空間的使用才搭上線。住戶 C 看是美好家庭的一對夫妻，背後卻是陽痿無法人道的丈夫與整天愧疚無法陪伴癱瘓母親身邊的妻子。住戶 D 裡的住著兩位單身女子，黎小姐整天吃齋念佛，楊小姐卻是整天花枝招展但對男人是忌憚又防衛。住在這棟公寓大樓的每一戶，像被幽禁在一座座狹小又密閉的生活空間，每個人皆過著朝九晚五的枯燥生活與乏味人生。出了家門彼此見面也僅以「某先生」、「某小姐」互稱鄰居，僅有點頭之交而沒有深入彼此交談或交心的經驗。作家藉以表達城市「生活空間」裡人與人之間的冷漠，也反映出八○、九○年代以來臺北城市發展後，城市人的生活風貌——高大冷硬的居住隔間封閉了人們的心靈。居住距離雖近，人際關係實遠——是疏離而冷漠。

王幼華的另一篇小說〈麵先生的公寓生活〉則述說麵攤老闆在擺攤做生意與平時在家時觀察左右鄰居的故事。在小說中，公寓彼此僅一牆之隔，人們的隱私而因此而暴露。透過麵先生口語道出公寓之間鄰居的微妙關係：

> 和隔壁的房間共用一個大的鋁門窗，我們之間的牆壁和鋁門窗又有點
> 距離，就是說我們彼此其實是相通的，所以我們不能大聲說話。〔註51〕

〔註50〕王幼華著：〈健康公寓〉，《王幼華集》（臺北：前衛出版社，1992），頁 119。
〔註51〕王幼華著：〈麵先生的公寓生活〉，《狂者的自白》（臺中：晨星出版社，1985），頁 67。

因為緊鄰隔壁很容易觀察或聽到來自隔牆鄰居的耳語，也因此這樣的「觀察」變成了麵先生生活的最大樂趣。在他的「觀察」之下，得知完全沒交集的鄰居是一對同居情侶，連女生的名字——華美，都探聽的一清二楚。麵先生每天聽著華美與男友的情話綿綿、工作的煩惱，甚至吵架的內容。而在一次他們的吵架過程中，麵先生得知華美的男友竟養一條毒蛇當寵物。窺聽的麵先生既沒立場也沒理由到隔壁出阻止，只得「連夜買了石灰回來，我把它撒滿了在房間的各個角落，在鋁門窗和牆壁的空隙處塗」〔註 52〕這樣不管大家的危險而只掃門前雪的心態，正是城市人的特質與寫照。

　　同樣住在主角麵先生相隔幾公尺對樓的賴家，也是與自己毫無交集，但麵先生卻相當關注賴家夫妻離婚的事件。「因為這件事就發生在我對面的公寓裡，所以我很清楚。」〔註 53〕兩家僅隔幾公尺的距離，麵先生每天清楚聽到賴家夫妻吵架離婚的所有細節始末，甚至賴家的每日生活作息與夫妻的工作背景都「觀察」的清楚明白。兩邊的第一次交集是在吵架離婚之後的某日，賴家的孩子在麵攤吃麵而被賴先生撞見，賴先生氣的大聲嚷嚷叫孩子回家時，才轉身對麵先生說：「我看你好像有問題，嗯、嗯？」〔註 54〕旋即帶著孩子離開，這是兩個人第一次的說話。麵先生回想著「以前都是我先向他點了七、八個頭，他才勉強看到我『嗯』的一聲，從我的身邊經過。」〔註 55〕而這次竟然是賴先生主動說話。對麵先生而言賴先生與賴家的生活狀況是瞭如指掌在清楚不過，但兩人的第一次說話是卻賴先生的一句短暫且帶著質疑的問話。從〈健康公寓〉到〈麵先生的公寓生活〉均寫下公寓生活空間裡的故事，對此王怡婷表示：

> 王幼華〈健康公寓〉、〈麵先生的公寓生活〉兩篇小說鋪展各種線索顯示出在有秩序、資本的都市環境中，人跟人之間關係受都市規則影響，以至於公寓的住戶們鮮少有交際往來，彼此間彷彿被無形的高牆所阻隔；而有互動的人際關係卻是建立在某種利益交換或者八卦謠言傳遞，王幼華筆下的兩種人際關係仍是指向陌生與冷淡。〔註56〕

〔註 52〕王幼華著：〈麵先生的公寓生活〉，《狂者的自白》，頁 75。
〔註 53〕同前註，頁 57。
〔註 54〕同前註，頁 67。
〔註 55〕同前註，頁 67。
〔註 56〕黃怡婷著：《八○年代以降臺灣公寓書寫之研究》（臺南：國立成功大學臺灣文學研究所碩士論文，2009），頁 43。

因空間的狹小，隨時可以觀察甚至聽到鄰居家的人事物，正如王怡婷表示王幼華透過這兩篇小說傳達了城市人之間彼此既陌生與冷淡的關係，咫尺天涯的距離，讓彼此之間成為了最熟悉的陌生人。

三、生活交錯的荒謬與疏離

似曾相似的熟悉，卻又各自在各自的空間裡生活，形成了城市人特有的疏離交錯感。以豐富想像力著稱，作品中常虛實交雜，善以魔幻寫實創作戲謔風格的張大春〔註 57〕，其作品〈公寓導遊〉就是這樣的代表。故事由兼當旁白者的「導遊」，在一旁說著每一位進出公寓裡人物的片段。從工程師范揚帆設計並命名公寓為「富禮大廈」開始，卻成為其妻子林南施婚姻不遂的開端。接著依序介紹管理員關佑開、房客魏太太、上班族易婉君、經理林秉宏、退休將軍梁隆潤、不良少女蘇珊、畫家管滌凡到心臟病發的齊老太太的生活片段。看似沒有交集，卻彼此緊密相連。「富禮大廈」裡的居民，其言行舉止就是當代臺北人生活的空間縮影，每一個角色的故事都可以看見臺北市民生活的影子。如公寓裡的林秉宏和許多臺北市民有一樣的習慣——清晨慢跑。日復一日的運動，每個人都養成了一樣的習慣，一樣的生活模式。因此「林秉宏換上晨跑鞋的時候往往會預測自己下樓、跑步、拿報紙、上樓的過程中可能會遇到什麼人。他很少猜錯。」〔註 58〕晨跑運動跑到住家附近的公園或是大家熟悉的國父紀念館：

> 林秉宏和所有的這些人一樣：彼此都只認得臉孔，其餘一無所知。
> 他們在路上碰到面，會相互頷首致答禮貌。但是沒有人會跑一樣的
> 路線。〔註59〕

看似交錯的彼此，會禮貌性點個頭，都認識彼此的面容，但卻是兩條平行線的差身而過。這樣的生活經驗不只是林秉宏，更是多數臺北市民所有的共通經驗。當彼此生活平行而過，但卻在無意間有了交集時，城市人往往會迅速的導正並回到原本的軌道。住在「富禮大廈」的另一位房客易婉君正是如此，一次不小心搭錯電梯上錯樓的窘境：

〔註57〕關於張大春的文學特色，詳見封德屏編：《2007 臺灣作家作品目錄》，上網日期 2016.9.28 網址：http://www3.nmtl.gov.tw/Writer2/writer_detail.php?id=1249
〔註58〕張大春著：〈公寓導遊〉，《公寓導遊》（臺北：時報文化出版公司，1989），頁 177。
〔註59〕同前註，頁 177。

> 結果按錯了電鈕，電梯帶她直上十二樓。門一開，她跌跌撞撞地往
> B 座走去，慌忙間掏出鑰匙狠狠往鎖眼裡一插，扭轉了半天，只急
> 出一頭汗水，猛抬眼才發現走錯了樓數。〔註60〕

發現錯誤的易婉君「埋怨兩聲倒楣，轉身下樓回家，馬上放盆熱騰騰的洗澡水，不過是比平常提前三個小時往身上打肥皂而已。」在無意間產生新的交集時，城市人因原本的習慣被打破而沒有安全感，並不會因為好奇的冒險精神繼續往前邁進，甚至迅速修正自己的錯誤回到原本的軌道，如同易婉君的「不過是比平常提前三個小時往身上打肥皂而已」。生活的平行線有了意外的聚焦，而迅速修正回原本路線，這樣的生活景象，不斷的在臺北的城市空間中反覆上演著。

「富禮大廈」裡的每戶各自在各自的空間裡生活，沒有熱鬧的交流，僅有冷漠的點頭之交，公寓的走道永遠是最冷清的道路，這正是八○、九○年代城市「生活空間」的寫照。雖然住在「富禮大廈」裡的每戶看似沒有交集，但作家卻是巧妙的以上帝視角的「全知觀點」，來述說城市生活中人們在無形的彼此交織複雜的關係。張大春更以戲謔的口吻道出原來「會發現他們之間有多麼的親密了。」〔註61〕在同一棟公寓的粉領新貴易婉君和貿易公司經理林秉宏原來曾在高中時期聯誼過：

> 他們曾經牽手爬過一段艱險的山路。易婉君後來對林秉宏說：「謝
> 謝。」
>
> 那是打從林秉宏變聲以來第一次和異性朋友的交談，很是興奮。
> 〔註62〕

牽手爬山的聯誼純情經驗，讓彼此情竇初開，但也因為害羞的兩人而讓這段時情事無疾而終。不服輸的青春年少個性，讓他們各自在班上自誇戀情，但多年之後他們同住「富禮大廈」中，彼此擦身而過但卻不復記憶。

這樣的交織關係錯中複雜，正如同「蝴蝶效應」〔註63〕般的影響出入大樓的每個人。住在 B 座四樓公寓的梁隆潤在住家樓下打傷了一位酒醉男子，

〔註60〕張大春著：〈公寓導遊〉，《公寓導遊》，頁 180～181。

〔註61〕同前註，頁 173。

〔註62〕同前註，頁 175。

〔註63〕蝴蝶效應（The Butterfly Effect），由美國氣象學家洛倫茲 1963 年提出。事物發展的結果，對初始條件具有極為敏感的依賴性，初始條件的極小偏差，都將可能會引起結果的極大差異。

這名男子竟是梁隆潤在國父紀念館跳土風舞舞伴的孩子。梁隆潤還十分討厭時常出入Ａ座六樓美商律師 J.J.家打扮花枝招展的金髮小妞蘇珊。蘇珊的身分是妓女，但事實上她之所以墮落的原因竟是梁隆潤當初將其父親盜賣軍火移送法辦導致。家逢巨變破碎了蘇珊的美好人生，人格的因此破碎，否則幸福的家庭下成長，蘇珊也許將會是認眞用功的好學生。梁隆潤向管理員反應出入份子的複雜須加強管理後，管理員關佑開轉與 D 座十二樓的畫家管滌凡抱怨：「這年頭誰分得出哪一個女人是賣的？哪一個女人不是賣的？」〔註64〕說話的當下易婉君回來，這句話讓自己誤以爲被看穿兼差酒店小姐的身份，心虛的她因緊張按錯電梯到十二樓而誤開齊老太太家門。正看電視的齊老太太誤以爲電視上所播報的槍擊要犯入侵自己家門，一時緊張心臟病發而身亡。一連串的事件串出公寓之間人與人的疏離交錯性。環環相扣的關係不只如此，Ｃ座的朱國棟在舞廳上結識並誘惑了被 A 座總工程師范揚帆冷落的妻子林南施。林南施則開車不小心壓死了 C 座保險公司襄理張德充家的寵物狐狸狗。張德充中獎三百萬的愛國獎券卻因藏於煙盒，無意間被強風吹落到三樓的賴進財手中。每一個城市居民，都在這個無形的網絡中，彼此聯繫著。王國安指出：

> 在〈公寓導遊〉中，我們看到許多的出場人物，但每個人物都沒有一個完整的故事，且小說中沒有主角，敘事者的敘述視角跟著情節作隨機變動，所以，在這篇小說中，主角並非住在公寓中的房客，而是「公寓」本身。〔註65〕

透過〈公寓導遊〉的內容，看似發現看似沒有關係的一群人，卻又處處彼此相連，看似荒謬的內容，范銘如特別指出該小說是「張大春試圖呈現的八〇年代都會文化的離心特徵。」〔註66〕這正也是城市「生活空間」中疏離卻又緊密的人際關係寫照。

這種城市「生活空間」書寫，也樣出現於黃凡的〈房地產銷售史〉裡。故事中主角是「乙太建設公司」的銷售經理，在替公司創造了高業績之後，這個只有一百五十公分身高，曾經長期處在自卑狀態的房地產專家提出一件

〔註64〕張大春著：〈公寓導遊〉，《公寓導遊》，頁 180。

〔註65〕王國安著：《臺灣後現代小說的發展——從黃凡、平路、張大春與林燿德做文本觀察》，頁 95

〔註66〕范銘如著：〈本土都市——重讀八〇年代的臺北書寫〉，《文學地理：臺灣小說的空間閱讀》，頁 203。

史無前例的建築企畫案——自助式建築。這棟「創意公寓」的主張是：

> 你住的房間是你個性的投射，同時它也反射它對你的感覺。你擁有
> 一棟房子不是只擁有一堆磚塊，你擁有的是自己的空間，你人格所
> 投射的空間。〔註67〕

創意公寓的最大特色是即由房屋消費者親自決定房屋的一切，包括：各式建材、建地抉擇、造型與裝潢設計，甚至連建築師的指定皆可。最後在大湖旁邊完成了這棟極爲奇特的建築物。作家這樣的故事內容反映了也嘲諷著現實城市對個別差異的排拒與隔閡感。黃凡試圖以強烈的個人意識和社會批判，將城市裡的各種材料重新組合，把它們組織成想像中的「幾自己空間」，並賦予自我的意義、秩序和價值在其中。〔註68〕透過作家的文筆書寫，更體現了臺北城市裡的時代感與作者特有趣味性。〔註69〕在九〇年代幾米（1958～）的繪本小說《向左走向右走》之中同樣出現這樣的「疏離感」。故事中的男女主角住在同一棟舊公寓大樓裡，各自生活在各自租賃空間裡生活，兩人雖僅一牆之隔，但一個習慣向左走，一個習慣向右走「他從不曾遇見她」〔註70〕，生活在同一座城市裡，甚至在同棟公寓裡，卻毫無交集。一次在外面的公園裡他們偶遇，初次見面的兩個人卻因此一見如故，愛苗因此被點燃。但一場午後大雨沖散了他們彼此，甚至連當初留下的聯絡電話號碼也因爲大雨淋糊而斷了音信。他們想念彼此，瘋狂著尋覓，卻始終找不到對方。她的生日那晚，他在隔壁拉著小提琴。「隔壁傳來的提琴聲，聽起來好悲涼」她想著，殊不知對方就在隔壁一牆之隔。作者幾米在接受訪問時指出：

> 我想陳述的，其實不是愛情，而是都市的疏離與空間隔離，只是藉
> 著愛情故事來加強這種意象罷了。〔註71〕

這些看似彼此依存的兩個人，雙方卻是沒有直接交集甚至一無所悉，這正是城市生活中，人們常各自生活在各自的公寓空間中，所呈現而出的城市疏離的現

〔註67〕黃凡著：〈房地產銷售史〉，收錄於黃凡、林燿德主編：《新世代小說大系・都市卷》，頁247。

〔註68〕朱雙一著：〈臺灣社會運作形式的省思——黃凡作品論〉《黃凡集》，臺北：前衛出版社，1992。頁277。

〔註69〕王德威著：〈人間喜劇——評黃凡的《都市生活》〉《閱讀當代小說》，（臺北：遠流出版公司，1991），頁60。

〔註70〕幾米著：《向左走 向右走》（臺北：大塊文化出版公司，2008），頁10。案：繪本本身無頁碼，爲方便論文論述，筆者自行根據書頁進行編碼。

〔註71〕徐虹著：〈幾米以簡單撫慰都市病人〉，《中國青年報》（2002.4.16）。

象寫照。由此可知，一個城市不僅僅是一塊地方，而且是一種心理狀態〔註72〕，自然包含著人們在其中多樣化適應的屬性，也表現出獨特生活方式的象徵。

第三節　通行空間的文學書寫

　　道路通行中，交通壅塞是每一個大城市裡必然的問題。八○、九○年代已邁向城市化的臺北，由於先天腹地的侷限以致地狹人稠，不只人口密度之高名列世界前茅。在世界主要的國際大城裡，土地面積也是名列世界前茅的小。也因此城市交通空間壅塞的景況，自然成為八○、九○年代作家們在作品中經常書寫的畫面。

一、壅塞的交通

　　大臺北的主要幹道車水馬龍，上下班時間一定車滿為患。當上班的時刻受困車陣，面對即將遲到勢必遭受上司究責的窘狀，內心的焦慮不可言語。黃凡的〈紅燈焦慮狂〉即是這樣的一篇故事。故事敘述中年男子莫景明上班途中的自述：

　　莫：（把手上的小筆記簿搖了搖）我記下一路上所有我碰到的紅燈數目。

　　莫：（假笑）我每天按時出門，按時搭公共汽車⋯⋯直到有一天（稍停）⋯⋯我發現⋯⋯毫無理由的⋯⋯我遲到了⋯⋯。

　　莫：（不理吳的自言自語）我就開始注意一路上所碰到的紅燈⋯⋯

　　莫：最後，我得到了一個結果（聲音越來越小）⋯⋯要是我碰到了三十五個以上的紅燈⋯⋯我就會遲到。〔註73〕

主角莫景明與許多城市人一樣搭交通運輸工具上下班，在一次遲到被上司「關切」後，竟發現每次上班搭車只要碰到超過三十五個紅燈就會遲到。由此演變對於每次看見紅燈亮起時，內心的焦慮變油然而生，甚至拿起紙筆記錄下每一個紅燈的數目。王國安指出莫景明其實就是八○、九○年代臺北城市中年上班族的縮影：

〔註72〕丹尼爾・貝爾（Daniel Bell）著，趙一凡、蒲隆、任曉晉譯：《資本主義的文化矛盾》，（臺北：桂冠出版，1989），頁74。
〔註73〕黃凡著：〈紅燈焦慮狂〉，《大時代》，（臺北：時報文化，1982），頁217～218。

在面對家庭與事業的壓力下，得了每天算紅燈數的焦慮症。該文以
「超過 35 個紅燈就會遲到」的焦慮症患者表現在當代都市生活中被
時間壓迫的現代人緊繃生活，別具新意。〔註74〕

莫景明家庭出了狀況，他感受到老婆對他的冷漠，使他頓失了傳統一家之主
的領導優越之感。而在商業競爭激烈的社會裡，面對上司對他業務上的不滿
與遲到的頗具微詞，更充滿了中年失業的危機感。兩者因素交雜，使主角進
而衍生對上班途中的等紅燈焦慮，面對上班時間的壓迫，作家透過小說人物
的表現，正也是城市人繁忙與緊繃生活的表徵。

　　上班有遲到的壓力，下了班被困在車陣裡，回家之路依舊漫長。黃凡的
〈慈悲的滋味〉寫下了主角騎著自行車，在下班的時刻來到忠孝東路的所見：

隨後，我跳上車子繞道忠孝東路去吃自助餐，這條路不太適合自行
車，不過卻也因此充滿了冒險的趣味。時值薄暮，街上擠滿了下班
的車輛，喇叭聲震耳欲聾，一場小車禍又造成了交通阻塞，我推著
車子，得意地從膠著的車陣中穿了出來。〔註75〕

忠孝東路，東至南港研究院路，西至臺北車站旁的中山南北路，共有七段，
是貫穿臺北市中心的交通大動脈。雖然道路寬敞筆直，但沿路經過許多重要
的商場百貨如太平洋 SOGO 百貨、明曜百貨，還有頂好商圈、信義計畫區、
敦南商圈……等精華帶。原本車流量就極大的忠孝東路，自八〇年代東區崛
起後更是常態性塞車，往往成為駕駛人塞車夢魘的路段。故事裡作家藉由小
說主角騎腳踏車自由穿梭街道的視角刻畫出八〇年代臺北主要幹道的交通壅
塞之貌。而尖峰時刻也因為車輛之間搶道，常有事故發生。小葉牽著自行車
自發生交通事故的汽車車陣竄出，其內心的「得意」，對照被困在車陣的駕駛
人，作家給予壅塞的城市車潮給予了嘲諷的書寫。

　　城市的交通空間除了平日的繁忙之外，假日大家開車出遊，塞車依舊。
林燿德〈三零三號房〉裡的主角符充德對於假日塞車相當有經驗：「午後四時
三刻三十秒。周末北上的車道基本上還算通暢，下行車道簡直已經變成停車
場了。」〔註76〕〈三零三號房〉敘述擔任徵信社的符充德應省議員之託，調

〔註74〕 王國安著：《臺灣後現代小說的發展——從黃凡、平路、張大春與林燿德做文
　　　　本觀察》（高雄：中山大學中國文學系博士論文，2007），頁 93。
〔註75〕 黃凡著：〈慈悲的滋味〉，《慈悲的滋味》，頁 20。
〔註76〕 林燿德著：〈三零三號房〉，《大東區》，頁 159。

查其老婆出軌之事。故事中符充德因假日辦事而被迫困於車陣中，絲毫無法動彈。城市裡大眾運輸工具的發達，今日的臺北車站更是「五鐵」共構，成爲全臺甚至世界運輸量數一數二的交通轉運站，而以臺北車站爲核心樞紐的「臺北大眾捷運系統」更像一張網絡將臺北城市的重要場域全部涵括。然而如此發達的捷運交通網的建構前期勢必歷經一番交通陣痛期。八○年代中後期，臺北捷運系統開始動工，主要幹道進行挖掘，更讓原本已經壅塞的街道空間更加的雪上加霜，進而進入長達十年的臺北交通黑暗期。面對遙遙無期的完工之日，飽受塞車之苦的城市人最感同身受，林燿德的小說〈白蘭氏雞精〉就以戲謔的口吻藉由辦公室裡的對話道出當年的市民心聲：「捷運系統當然是無法完成的，任何交通建設完工的時刻恰好總是趕上飽和的時機」〔註77〕這些因爲壅塞的城市街道空間所產生的城市人的無奈，對照如今的臺北捷運成爲城市「生活空間」裡最乾淨、便利的大眾運輸系統，付出終於有了代價。

當年這些城市書寫在今日看來，雖然事過境遷，價值依舊歷久彌新。城市這個由人工物質環境和人文化成社會所構成的複雜龐大系統，隨著空間的拓展和經濟的成長，城市問題接踵發生：環境污染、交通堵塞、生活緊張、犯罪充斥……。隨著時間的進步，城市的功能也愈多，範圍也愈大，甚至彷彿有了自己的生命，進化成爲一個自主的有機體。然而在這樣龐大的城市生態之中，每一個身爲人的獨立個體的價值卻愈來愈小，小到從城市中的主體變成了客體。在城市裡迷失了自己。〔註78〕

二、移動的空間

在沒有捷運系統的八○、九○年代，小客車與公車是最主要的城市代步工具。小客車又可分爲自家轎車與計程車。有別於前一時期的物質缺乏年代，八○、九○年代中產階級的崛起，在媒體廣告的推波助瀾之下，有車階級成爲的一種身份的象徵。自家車的銷售量屢創新高，成爲了時代新顯學。在每日上下班的城市生活中，有車一族也因此每天都要花費相當長時間塞在車陣中與之相處。不少人爲了節省時間，直接在車上吃起早餐、看起書報雜誌，女性上班族甚至上了車才開始化起了妝。轎車這個「移動空間」竟成爲有車一族最熟悉的城市「生活空間」。車門一關，在這個私領域的空間中，舒適的

〔註77〕林燿德著：〈白蘭氏雞精〉，《大東區》，頁130。
〔註78〕陳子弘著：《臺灣城市美學：在地覺醒的亞洲新風貌》，頁144。

汽車座椅、涼爽的車內空調，城市人可以享受獨自的清幽，或像朱天心〈十日談〉裡的許敏輝一樣，跟著車上的旋律獨自唱和：

> 「我是個新窮階級……」許敏輝信口唱著，原歌詞應該是諸如「我是個城市英雄」之類的。車內充塞的輕快明亮的旋律與車外的景觀大不相干，前面路口正因一群拿標語的男女而塞車。〔註79〕

〈十日談〉寫下四個不同年紀與階層的人物對政治的熱情與參與，作家透過四位政治狂熱的人物側寫。有理想、有自私、有貪婪，還有墮落，以這四個人的樣貌，照映出「解嚴」之後，熱衷政治活動之臺灣民眾的眾生相。而代表資本主義墮落的許敏輝，同時也是中產階級的象徵。一如許多的中產階級一樣，許敏輝也是個有車階級人士。面對外面抗議活動的紛紛擾擾，他獨自待在車上這私領域空間中，雖然塞在車陣中，但也享受片刻清幽。解嚴之後的社會，人人有言論自由。抗議的民眾時常為了達到訴求，不惜非法集會遊行造成原本已經壅擠的城市更為壅塞。作家藉著小說人物的書寫，一方面刻劃出八○、九○年代社會的紛擾，另一方面也書寫而下中產階級在城市生活中，苦中作樂的片段生活寫照。

一樣陷入車陣中的趙達人，心情就沒有許敏輝般的悠閒：

> 趙達人的紅車陷入車陣，警察廣播電臺正播放著計程車遊行示威的消息：「八百輛計程車正通過敦化南北路，整個東區的交通已陷入癱瘓狀態……」〔註80〕

黃凡與林燿德合著的《解謎人》是一部極具政治意味的「新聞預設小說」〔註81〕，影射八○年代震撼全國金融的「十信案」。小說裡的角色趙達人雖然認清都會叢林裡的險惡真相，卻仍逃離不脫這命運的枷鎖，在整個「華揚集團」中被陷入企業的鬥爭與權力慾望的慾海中無法自拔。小說中寫道陷入車陣中動彈不得的趙達人，在車內空間中聽著電臺廣播計程車示威遊行的消息，煩悶的他也正如自己在企業的權力鬥爭一樣無法自拔。作品裡寫下當時的臺北交通的混亂，似乎正直指當時金融風暴的混亂之態。

相較於小客車內的個人空間自由，八○、九○年代最主要的大眾運輸工

〔註79〕朱天心著：〈十日談〉，《我記得……》，頁69。
〔註80〕黃凡、林燿德著：《解謎人》（臺北：希代書版，1987），頁27。
〔註81〕按：「新聞預設小說」之名稱出現於《解謎人》之封面中，係指以新聞報導的內容基礎上，賦予虛構的想像來編織一則故事，是屬於「後設小說」的創作手法。

具——公車，就顯得相當擁擠與不自在。由於臺北人口眾多，在空間有限停車位一位難求的臺北城市中，不少人退而求其次選擇公車的搭乘。此外龐大的學生族群也是公車通勤的重度使用者。也因此臺北市公車網路十分發達，甚至造就了公車文化、售票亭文化等這些老臺北的過往歷史記憶。炎炎夏日，公車站排旁站滿所有等待上車的人群，每一個人揮汗如雨；下雨天或是冬天，站在公車站旁冷風颯颯。縱使如此所有人仍像朱天心〈第凡內早餐〉的女主角一樣「我每天必須被迫在這裡等公車，冷雨天氣，通常就得停留更久，即使偶爾沒帶傘」〔註82〕苦苦守候。既使進入到了車廂裡，滿滿一車的人群擠著水泄不通，也如黃凡〈曼娜舞蹈教室〉中所言公車「車廂熱的跟蒸籠一般」〔註83〕令人倍感不適。蘇偉貞的〈公車反戰記〉裡更述說了擠公車的不悅之事。小說主角小方每天都須搭公車前往公司上班，在擁擠的人群裡只好胡思亂想的想東想西。從等車時的男女狼狽模樣，到上車後的小孩哭鬧，還有男乘客擠到與女乘客的胸前只有一皮包之隔的尷尬場景。包括小方在內，大家都不想往公車裡面擠，搞著大家心情烏煙瘴氣。最後小方因抬手看錶，誤觸女乘客而遭抱怨，因而氣憤的提早下車。小方這種不愉快搭車經驗無啻是許多搭乘公車通勤族共同有的不愉快回憶。作家以自己搭車的經驗成篇，還有如朱天心〈帶我去吧，月光〉的佳瑋一樣，在人潮擁擠的公車車廂中，被色狼在車上所侵犯的可怕經驗：

> 是如此在另外一個世界裡，以至這個世界，擠得不能動彈悶臭的公
> 共汽車裡，貼在她身後的一名男子正在大膽而小心的猥褻她，她卻
> 渾然不覺。〔註84〕

在人擠人動彈不得的公車車廂之中，不論男女幾乎都是前胸貼後背，也因此讓不少的惡狼有機可乘。有些惡狼趁擠過人群中，以手肘順勢劃過女生的胸前，更有趁著人群貼在女生的背後，「大膽而小心的猥褻」。個性大辣辣的佳瑋渾然不覺，但有更多女生卻是敢怒不敢言。在擁擠的運輸空間裡，不少通勤的女學生都有這樣不快的經驗。作家在作品中呈現這樣的片段，試圖呈現了八○、九○年代大眾運輸空間裡的真實面向。

〔註82〕朱天心著：〈第凡內早餐〉，《古都》，頁94
〔註83〕黃凡著：〈曼娜舞蹈教室〉，《曼娜舞蹈教室》，頁19。
〔註84〕朱天文著：〈帶我去吧，月光〉，《世紀末的華麗》，頁60。

第四節　街道空間的文學書寫

　　川流不息、車水馬龍是城市給人的第一印象，而這樣的場景則是建築於城市的街道空間裡。喻肇青指出：

> 街道本質上是一個很重要的都市空間，它充滿了都市生活的語言與意義，從個人到社會不同的層次清楚地在街道上表現出來。因爲街道是大家可以共同享有的地點，每一個個體所擁有的自由價值，在街面上可展現出來。〔註85〕

毫無疑問地，街道是交通的血脈、經濟活動的支助，還有各種文化現象的繁衍。街道的人流不息正是繁華城市的表現。在臺北城市大街中，人們穿梭其中，或逛街、或趕路、或漫無目的的四處遊走。街道上人群紛紛嚷嚷，一起聚集跨年倒數、一起望著百貨公司上的電視牆爲中華隊加油打氣、一起遊行抗議……，在日常的街道上隨時上演每一個人的故事，它記憶城市人們的喜怒哀樂，街道可以說是城市社會的縮影。以犀利的社會眼光，敏銳觀察城市文明中各種面向的胡晴舫（1969～）。〔註86〕在《城市的憂鬱》中即說道：「當談起一個城市，人們事實上在談論它的街道。」〔註87〕透過街道意象的書寫呈現，可以使讀者更深刻認識這座城市裡的人、事、物。了解城市的歷史、感受城市的精神，甚至喚起對這座城市的情感。

　　朱天心的〈古都〉裡，女主角化爲街道走夢人，以波特萊爾（Charles Baudelaire，1821～1867）式的漫遊者遊走臺北城市街道。小說敘述已不惑之年的女主角遠赴日本京都與當年同窗好友見面，但在好友失約之際在獨自一人漫遊京都而勾引起往事。提早返臺的女主角陰錯陽差被誤以爲是日本觀光客，也因此就讓自己將錯就錯的漫遊臺北，並重新審視這座城市：

> 拿出殖民地地圖，你考慮今日的行程。中正第一分局，清代考棚，秀才考的隨意詩題「自來水與德律風」。一八九五年領有臺灣改做步兵第二連隊醫局使用，其中相當於大佐的陸軍軍醫監森林太郎隨北白川宮親王自澳底登陸後，即隨軍駐此，森的從軍紀錄後由岩波書店發行，筆名森鷗外。〔註88〕

〔註85〕吳光庭等著：《臺北大街風情》（臺北：創興出版社，1993），頁45。
〔註86〕關於胡晴舫的文學特色，詳見封德屏編：《2007臺灣作家作品目錄》，上網日期2016.9.20　網址：http://www3.nmtl.gov.tw/Writer2/writer_detail.php?id=1031
〔註87〕胡晴舫著：《城市的憂鬱》（八旗文化出版，2011），頁51。
〔註88〕朱天心著：〈古都〉，《古都》，頁243。

雖是臺北人卻化身爲觀光客，拿著舊時地圖，重新穿街入巷，在現代與過去的地理重疊之際，心中浮現無限聲音。今日的重慶南路是昔日的本町，今日的萬華是地圖上的昔日艋舺。作家以人文考古式的帶領讀者重新審視臺北的歷史，隨著腳步不斷的移動穿梭臺北的街道，時過境遷而人事已非，記憶竟是越來越模糊：

> 這樣的經驗，愈來愈珍稀了，除了平日不得不的生活動線之外，你
> 變得不願意亂跑，害怕發現類似整排百年茄冬不見的事，害怕發現
> 一年到頭住滿了麻雀和綠繡眼的三十尺高的老樅樹一夕不見，立了
> 好大看板，賣起一坪六十萬以上的名門宅第，它正對的金華街二四
> 三巷一列五十年以上的桉樹也給口口聲聲愛這島愛這城的市長大人
> 給砍了，並很諷刺的當場建了個種滿小樹的社區小公園。你再也不
> 願走過這些陌生的街巷道，如此，你能走的路愈來愈少了。〔註89〕

在強調繁榮進步的臺北新城市裡，過去所熟悉的城市建築與地景都被摧毀殆盡。作家從歷史拉回到現實，竟發現記憶中的臺北竟被政治的洪流所迅速掩沒，在城市的生活空間裡，外省族群的生活記憶甚至被刻意的遺忘。國族的紛爭，省籍的對立，尤其在解嚴之後本土意識的快速崛起後，對原有的舊勢力連根拔除，最後主角在原本應該的熟悉臺北街道中，竟以「這是哪裡？……你放聲大哭」〔註90〕收尾。族群之間則因爲政治權力的更替與傾軋難以維持和諧的關係。朱天心的〈古都〉裡，試圖透過臺北街道的歷史與記憶，提出對當時社會政治的吶喊，並透過小說抒以己見與不滿之聲。

臺北城市街道數以千計，然而對於城市裡街道的文學書寫卻散落而瑣碎，並不足以組構臺北市街全貌。因此本節筆者試舉代表性的街道書寫：新興崛起「東區」的仁愛路與懷舊風味「城南」的溫州街進行討論，冀望透過街道「生活空間」的文學書寫，重溫八○、九○年代的臺北城市的街景風情。

一、新舊時代的街道歷史

在都市更新的規劃下，城市的新興主要幹道既筆直又寬敞。道路兩旁在行道樹的植栽下，爲水泥叢林的建築點綴的綠蔭盎然，道路中央則布設有公車專用道，行進路中有如置身森林感受，這樣的林蔭大道在臺北以「仁愛路」

〔註89〕同前註，頁195。
〔註90〕同前註，頁246。

最具代表。仁愛路西自「中正紀念堂」開始，以筆直的路線且寬敞的大道直達東區的「臺北市政府」門口。早在日治時期的都市計畫中就被預定開闢為林蔭大道，但因為日本戰敗當初的街道計畫停滯。國民政府接收之後在臺北的都市計劃大致蕭規曹隨的沿用之前規劃。1958 年為了因應「松山機場」至「總統府」作為國際迎賓大道而拓寬為 60 公尺。1967 年臺北升格直轄市後，延伸修築仁愛路至基隆路，其中更將仁愛路三段規劃為「林園大道」。連綿數公里的道路寬達 100 公尺，中間為樹林茂密的園林形貌，可供城市人休憩散步使用，是現今臺北最寬敞的幹道。

　　仁愛路的壯闊是新興「東區」的寫照，溫州街的清幽寧靜則為「城南」老臺北的記憶代表。溫州街北起和平東路一段，南至新生南路三段八十六巷為止，位於日治時期為「臺北帝國大學」教授的宿舍區內。1928 年，臺北帝國大學成立，這是全臺最高的學術殿堂。為了能聘請東京等知名教授來臺授課，進而在溫州街一帶規畫了將近兩公頃教授宿舍。教授宿舍區採日式的庭院建築設計，木屋黑瓦片，每戶皆有庭園造景，綠籬環繞。在溫州街旁還有一處「九汴頭」，是一條歷史悠久的瑠公圳支流的閘門，當年為了引水灌溉大安庄的農田，特將景美溪水北引致此。溫州街的一旁是棕櫚樹成排的庭園矮房，另一邊是涓涓細流瑠公圳支流，環境清麗且幽靜。國民政府接收臺灣之後，「臺北帝國大學」改名為「臺灣大學」，「城南」一帶依舊為文教區，宿舍主人改以新任職於臺灣大學的教授還有政府公職人員為主。1974 年臺北都市計畫而闢建辛亥路，溫州街被迫分割為兩段，北段為龍坡里，南段為大學里。原位於此處的兵工學校倉庫也被辛亥路劃分為兩個社區公園：辛亥一號公園與二號公園（今大學公園）。同時期在都市計畫之下溫州街的平房陸續改建為溫州國宅及公寓住宅。八○、九○年代的溫州街因為現代化城市崛起，位於臺大、師大附近的精華地帶，佔交通優勢便利，又有大安森林公園及戲院在旁，生活機能完整而土地價值不斐。因此傳統的日式平房紛紛被拆除改建，近年文化保護意識抬頭，溫州街巷裡僅剩少數的日式古房，在文史工作者與當地居民的奔波及保護下，保留了當年的恬靜寧靜的樣貌。

二、「東區」的仁愛路

　　八○、九○年代的城市現代化，透過街道空間的意象指涉，作家在作品中是這樣看待仁愛路的：

（一）林蔭大道

　　新興的街道設計寬敞且美觀。這條林蔭大道，李昂（1952～）善於以犀利的文筆，透過具有高度敏感性的政治議題，還有爭議性十足的女性情慾課題來探討社會面貌，同時也藉由對女性的書寫道出女性的成長與自覺。〔註91〕其作品〈一封未寄的情書〉裡出現的是暮春三月的臺北仁愛路街景：

> 那時節同樣也是落雨的暮春三月，瀟瀟的春雨淋落了仁愛路正盛開的木棉花，從雜誌社三樓的窗戶往外看，原設計為林蔭大道的仁愛路，由於綠樹新植不久，少去蓊鬱的蒼綠，倒是那木棉花，綿延一街橙紅的花朵，火燒一樣掠過整條市街。〔註92〕

暮春三月仁愛路上因為木棉花盛開，一朵朵綻放的火紅木棉花，在其他綠色的行道樹中更顯耀眼。李昂的〈一封未寄的情書〉側寫出仁愛路的行道樹街景奇觀。〈一封未寄的情書〉被收入於《新世代小說大系・都市卷》中，是一篇以職場女性成長為主軸的小說，具有濃厚城市色彩。內容探討了愛情、婚姻、政治、情慾、職場等多種議題。故事以「第一人稱」書信體的方式，自我剖析自己的成長歷程。敘述主角「我」從大學生時期，就迷戀上了年輕的大學教授「G.L.」因而展開一段單戀式的愛情追求，最後幻滅而成長。開滿木棉花的仁愛路正如張曉風所形容「像一碗紅麴酒，斟在粗陶碗裡，火烈烈地，有一種不講理的架勢」〔註93〕。〈一封未寄的情書〉故事中的女主角「我」在雜誌社上班，從雜誌社三樓的窗戶往下看望。新興的道路寬敞又筆直，因為道路新成，行道樹也新植未久。行道樹上的綠葉少了那麼一股蓊鬱之感。反而一整排的木棉花正值開花季節，鮮紅色的花瓣延綿數公里之遠，讓整條仁愛路火紅的架勢像「火燒一樣掠過整條市街」，既耀眼又燦爛。另外在白先勇《孽子》裡，主角李青著急的尋找因闖禍而被送走的十四五歲啟智孩子——小弟，而來到仁愛路一帶的臺北精神療養院。這天正值颱風來襲，直挺的仁愛路兩旁是高大的椰子樹，平時車水馬龍，但颱風天所有的市民避居家中防颱。四線道的寬敞，在空無人車的狀態下，倘若大的椰子大樹葉被風折落，掉落在筆直寬大的仁愛路上更顯蕭瑟：

〔註91〕關於李昂的文學特色，詳見封德屏編：《2007 臺灣作家作品目錄》，上網日期
　　　　2016.9.01 網址：http://www3.nmtl.gov.tw/Writer2/writer_detail.php?id=537
〔註92〕李昂著：〈一封未寄的情書〉，《李昂集》（臺北：前衛出版社，1992），頁 245。
〔註93〕張曉風著：〈詠物篇〉，《曉風散文集》（臺北：道聲出版社，1977），頁 142。

中午，臺北市已經罩入了暴風半徑，風勢一陣比一陣猛烈起來。仁
愛路兩旁高大的椰子樹給風刮得枝葉披離，長條長條的大樹葉，吹
折了，墜落在馬路上，蕭蕭瑟瑟地滾動著。〔註94〕

作家在此以大片的落葉掉落在四線道的大馬路上，藉以風吹蕭瑟的景象襯寫
出仁愛路的寬闊。以上都是作家藉主角們所見寫下仁愛路的街景，寬大又筆
直，是新興街道的代表，連帶也標示了臺北城市進步璀璨的特徵。

（二）精華路段

精華路段與高級住宅區是共生的結構。東區的迅速崛起，黃凡在〈命運
之竹〉中給予了極大的嘲諷：

連城伯那一天作了一生最偉大的預言。果不其然，卅年後，他吐痰
的地方，成為全國有名的觀光道路——仁愛路。在上面步行，絕對
會對得起你的人格和鞋子，同時，它也是臺灣現代化象徵之一。同
時它寬暢、乾淨、井然有序的行道樹（它們是在某一年的植樹節一
起種下的），以及其上每坪售價十二萬元的大樓，都會使得你不好意
思朝上面吐痰。〔註95〕

當年帶著梁媽媽到東區買地的連城伯，在當時連道路都沒有的稻田中吐了一
口痰，並直指這塊將來將會翻倍增長。可惜梁媽媽認為這塊竹子「碰不到底」
的不毛之地不受青睞而錯失財富翻身的機會。「民國五一年開始，這塊水田每
隔三、四年地價便上漲一倍。等到紀念館落成那一年，它的身價已達到六億
元。」〔註96〕

八○、九○年代的仁愛路早已是高貴的精華地段。在白先勇的〈永遠的
尹雪艷〉裡，仁愛路上的建物無不成為高級住宅的代名詞，這位貴婦主角的
家正是座落在「仁愛路四段的高級住宅區裏，是一棟嶄新的西式洋房，有個
十分寬敞的客廳，容得下兩三桌酒席。」〔註97〕一樣居住於仁愛路上的高級
區域還有白先勇〈那片血一般紅的杜鵑花〉裡主角「我」的舅媽家：

舅舅生前是做大生意的，過世得早，只生下表妹麗兒一個人。舅舅
留下了一筆很可觀的產業，因此舅媽和表妹一向都過著十分富裕的

〔註94〕白先勇著：《孽子》，頁198。
〔註95〕黃凡著：〈命運之竹〉，《曼娜舞蹈教室》，頁119～120。
〔註96〕同前註，頁124。
〔註97〕白先勇著：〈永遠的尹雪艷〉，《臺北人》，頁57。

> 生活。那時舅媽剛搬家，住在仁愛路四段，一棟三百多坪的大花園
> 洋房裏。我到舅媽家的那天，她正在客廳裏打牌，心不在焉地問了
> 我幾句話，便叫我到花園裏去找表妹麗兒去了。〔註98〕

舅媽家境富裕，其住宅一樣座落在仁愛路四段旁，洋房裡還有三百多坪的大花園。透過作家的文學書寫，仁愛路幾乎是高級住宅區的代名詞。而今日的仁愛路仍然如此，座落在仁愛路上的高級豪宅「帝寶」一層是數億房價，住戶們不是權貴富豪就是政商名流，更為仁愛路增添富麗堂皇的色彩。

（三）虛構仁愛路：迷宮、思索成長之路

繁華的東區，人潮洶湧，其主要的交通幹道仁愛路更是車潮川流不息。駱以軍〔註99〕在〈降生十二星座〉中由電玩世界「道路十六」的格子尋寶遊戲，延伸到現實的臺北行車紀實：

> 周而復始的催油、放離合器、排檔、打方向盤。在新生北路快速道
> 路上你輕率便可飆到一百二，然後在自動測速照相機之前緊急煞車
> 減速為中規中矩的六十。你隨著車群離開快速道路，沒入塞車的仁
> 愛路。〔註100〕

〈降生十二星座〉敘述主角「我」楊延輝，在來到滿妹所開設的酒吧裡玩大型的電動遊戲──「快打旋風二代」的故事說起。藉主角回憶起童年的電玩時光，娓娓道出遊戲角色「春麗」復仇的過程，還有遊戲「道路十六」的尋寶秘密。其中「道路十六」的尋寶過程蘊含著遊戲設計師的三角戀情於其中。作家試圖由解不開關卡側寫人與人之間的疏離，由遊戲裡的迷宮死路，進而延伸到臺北市區的駛車，並塞於仁愛路的車陣之中。繁華的城市街道正像遊戲裡的迷宮，被困在車陣的城市人，就像被困在遊戲中、困在人與人的隔閡之中動彈不得。

面對在東區社會金字塔頂端的風雲人物，黃凡則透過小說〈賴索〉中給予抨擊：

> 賴索再也坐不下去了。這些人，這些時髦、優雅、有錢、無事可做

〔註98〕白先勇著：〈那片血一般紅的杜鵑花〉，《臺北人》，頁144。
〔註99〕關於駱以軍的文學特色，詳見封德屏編：《2007臺灣作家作品目錄》，上網日期2016.7.21 網址：http://www3.nmtl.gov.tw/Writer2/writer_detail.php?id=2429
〔註100〕駱以軍著：〈降生十二星座〉，《降生十二星座》（臺北：時報文化出版公司，2005），頁58。

的傢伙。賴索被充塞耳際的笑語、歌聲、裝模作樣的手勢，逼得站
了起來，匆匆付了帳。他推開餐廳的旋轉門，走進黃昏中筆直寬暢
的仁愛路，重新感受到夕陽餘暉所散佈的那種神秘生命力。這種力
量使他坐在人行道的長椅上，面對巍然聳立的電視臺，發了一陣
呆……〔註101〕

主角賴索在前往電視臺會見以為賞識他的韓先生前一刻時，面對這餐廳空間
裡面充斥著這些有錢人的生活樣貌。無法適從的他竟進而匆忙逃離，最後走
到寬敞筆直的仁愛路。作筆下的主角賴索是一位猥瑣且儒弱無能的小人物，
面對在充斥權貴的空間裡，缺乏自主性的賴索選擇逃離，只能一個人無言的
獨坐在仁愛路的長椅上遙望電視臺無言以對。東區的仁愛路與高聳的電視臺
均是權貴的象徵，與小說角色的身分與空間格格不入，作家試圖以這樣的高
級環境來對比小說人物的悲哀。〈賴索〉是一篇政治小說，這樣的逃離作家影
射了在浮動不安的政治世界中，人心游移的狀態。而仁愛路上的夕陽餘暉所
散發的神秘生命力，或許為理想的投射，只是理想就像夕陽餘暉一樣即將石
沈大海。

　　街道的心理投射，除了傷感，理想也有成長的展現。李昂的〈一封未寄
的情書〉中，女主角「我」在故事的最後，走在臺北街頭的仁愛路上，看著
街景的變化與內心相呼應：

　　回得臺北，走在仁愛路上，才猛然發現這些年來，當時林蔭道上的
　　矮樹已成蔭，旁邊添了許多高樓，也有更多的車輛與人群，而我，
　　不再是昔日對你癡迷的小女孩。〔註102〕

過程中因得知教授已婚的消息而心生幻滅，並在家人的安排上接受了一段沒
有感情基礎的婚姻。然而丈夫出軌婚姻破滅後，又在另一位已婚男子身上看
見教授的影子，最後再度重逢，發現自己不再眷戀。女主角一步步走向成熟
與獨立，最後終於跳脫對教授的迷戀而成為獨立自主的新女性。這個過程，
作家是通過街道的景物變換，暗示著邁向了人生歷練的成熟。王以婷指出：

　　〈一封未寄的情書〉透過女性從赴美求學到投入職場最後經歷婚姻
　　並脫離婚姻的過程，呈現女性生命的複雜性，最後「我」回到臺灣，
　　並站在臺灣的土地上觀看街景，反思過去，發現自己的生命不是因

〔註101〕黃凡著：〈賴索〉，《黃凡小說精選集》，頁30。
〔註102〕李昂著：〈一封未寄的情書〉，《李昂集》，頁262。

爲愛情，而是因爲「我」四處游移而使得人生豐富完整。〔註103〕街道空間在不同時期有不同的樣貌，李昂的〈一封未寄的情書〉從主角大學時期到婚變後所見的臺北街景。仁愛路曾是矮樹如今已成綠蔭，街道「旁邊添了許多高樓，也有更多的車輛與人群」，看著街景的變化與成長，同時反省與剖析自我內在的歷程，兩者相互呼應，仁愛路的街道因此成爲了心靈成長的象徵。

三、「城南」的溫州街

「城南」歷史悠久，具有豐富的人文氣息。透過溫州街空間裡的文學書寫，一方面可以感受到這條充滿文化情懷的街道特殊的場所精神：寧靜清幽的文教氣息。另一方面以溫州街爲空間背景，書寫了無數溫州街的故事，包括離散與重逢、成長與記憶。

（一）寧靜清幽的文教氣息

人文薈萃的溫州街給予每一個臺北人都有同樣的印象——寧靜清幽。王德威就曾自言：

> 溫州街位於臺北市南區、新生南路與和平東路兩條幹道之間。這條街幅面不大，巷道蜿蜒，首尾遙通師範及臺灣大學。兩校的教職員宿舍羅列期間，歷來即富文教氣息。早年的溫州街猶存有大量日式建築，花樹掩映，曲巷幽幽。雖然建築物本身日益敗落，卻自有一份寧謐寂寥的氣息。〔註104〕

在充滿人文氣息的文教空間中，敗落的建築在幽幽的曲巷裡，呈現出特有的寧謐寂寥氣息。作品中充滿歷史反思與關照的李渝（1944～2014）〔註105〕，筆下的〈夜煦〉描寫出溫州街的寧靜樣態：

> 悶熱寂靜的午後，一隻蟬在某個枝頭茲鳴，樹蔭覆蓋下的瓦卻很涼。
> 從坐著的角度你可以看見蜿曲的溫州街，花色的曬衣，櫛比在陽光

〔註103〕王以婷著：《臺灣當代女性小說空間意涵之研究》（臺北：中國文化大學中國文學研究所，2015），頁126。

〔註104〕王德威著：〈走在鄉愁的路上：評李渝《溫州街的故事》〉，《眾聲喧嘩以後：點評當代中文小說》，（臺北：麥田出版社，2001），頁325。

〔註105〕關於李渝的文學特色，詳見封德屏編：《2007臺灣作家作品目錄》，上網日期2016.9.03 網址：http://www3.nmtl.gov.tw/Writer2/writer_detail.php?id=579

　　下的屋脊，木棉的稍頂，和青綿綿的觀音山。〔註106〕

〈夜煦〉是李渝《溫州街的故事》系列小說的一篇，內容講述在臺北「紅樓」的劇場一位知名女伶登場演出前，還是孩童的主角聆聽了一旁的人述說的女伶之前的事蹟。原來這位大陸女伶當初在當紅之際引退下嫁差距三四十歲的退役將軍。多年之後卻因「通匪」的新聞而上報，多年後的現在她則再度的粉墨登場，在臺演出。最後主角從回憶被拉回了身處聯考當下中學時期的一個午后，記憶的美好與眼前的溫州街重疊相合一起，蟬在枝頭上鳴叫著，日式的屋瓦平房被樹蔭所遮，更顯涼爽。坐在此處看見蜿蜒的街道，有鄰人的曬衣景象，一旁是陽光下的屋脊及木棉樹，再遠方則可看見連綿不絕的觀音山。作家以祥和的筆調敘寫臺北「城南」的溫州街，以一種「沈從文式」的寧靜風情寫出喧囂臺北的另一處清幽。

　　溫州街的幽靜即使是時光的物換星移，似乎依舊停在昨日光景。就連二十一世紀的今日，依舊如此。曾住在「城內」的駱以軍，就曾帶著孩子彷彿來到時光隧道：

> 接和平東路這一端的，完全是一個時光靜止的昨日之街，我偶爾帶
> 孩子們闖進，那牆沿蔓長出的老榕，沿水浪顆粒舊公寓壁面攀上四、
> 五樓高的九重葛、爬牆虎；有時百公尺內完全不見一人，只有雀鳥
> 和壁癌鐵鏽牆欄門簷上的野貓的，「不在場」之強大的時間吸力，但
> 讓我腦海浮出瓊瑤式的書名：「庭院深深」、「碧雲天」……〔註107〕

駱以軍帶著孩子們來到連接和平東路一端的溫州街闖入冒險，裡面的清幽令人彷如隔世。牆上的老榕樹、壁上的九重葛，方圓百尺不見人影，只有雀鳥與野貓。這樣的空間令人忘卻置身在臺北繁華的市中心，瓊瑤式「庭院深深」、「碧雲天」成為的溫州街的最佳寫照，寧靜與清幽成為了作家筆下溫州街的代名詞。

（二）溫州街的故事

1. 離散與重逢

　　作家街道的文學書寫，往往賦予角色作家內在的心理意象於其中。白先勇的〈冬夜〉透過大學教授的對談，表現出知識份子面對現實的困境所發出

〔註106〕李渝著：〈夜煦〉《溫州街的故事》（臺北：洪範書店，1991），頁41。
〔註107〕駱以軍著：〈溫州街，夢見街〉《中國時報》副刊，2010.4.13。

的嘆息與妥協。故事的開始即在溫州街上：

> 臺北的冬夜，經常是下著冷雨的。傍晚時分，一陣乍寒，雨，又淅
> 淅瀝瀝開始落下來了。溫州街那些巷子裏，早已冒起寸把厚的積水
> 來。余嶔磊教授走到巷子口去張望時，腳下套著一雙木屐。他撐著
> 一把油紙傘，紙傘破了一個大洞，雨點漏下來，打到余教授十分光
> 禿的頭上，冷得他不由得縮起脖子打了一個寒噤。他身上罩著的那
> 襲又厚又重的舊棉袍，竟也敵不住臺北冬夜那陣陰濕砭骨的寒意
> 了⋯⋯〔註108〕

留居美國的國際學術界名人吳柱國，在應酬與學術演講的空暇前來探訪住在
溫州街的余嶔磊。作家刻意以寒「冷」的冬夜與「溫」州街，形成一個強烈
的對比，並呼應余嶔磊長期的落寞與這次來拜訪好友的短暫溫馨。這次久逢
除了有外貌的今昔之別，更藉講述的過往「五四運動」的激情，對照如今為
現實環境所困頓：停止翻譯《拜倫詩集》、教書熱忱不再、孩子出國留學的債
務⋯⋯等等，文人的理想有志難身，尤其最後余嶔磊託付吳柱國能否幫他於
國外找一份教職時，更令人感到不勝唏噓。短暫的溫州街會談，成為了余嶔
磊最「溫」馨的回憶，這次的溫州街離散與相逢的過程，再再顯示出作家想
彰顯的知識份子在大時代變遷中的無奈之慨。

擅用白描的手法，以舒緩的筆調，紀實敘述特色的林文月（1933～）〔註
109〕在〈溫州街到溫州街〉之中寫下了人們的相逢與離散。八○年代的都市計
劃將溫州街切成兩半，同時也讓居住於溫州街兩端的臺靜農（1902～1990）、
鄭騫（1906～1991）被阻隔在彼端。雖然兩人情誼不變，仍而以電話相互聯
絡，但交通的阻隔「每次快車上下辛亥路高架橋，總有一種罪惡的感覺，速
度毀滅了溫州街深巷所代表的謙謙君子之風。」〔註110〕不只切斷了兩人的會
面機會，更像是新文化給予舊時代的極度衝擊。當林文月開著車帶著老師鄭
騫前往拜訪臺靜農時，坐在車上的鄭騫指引前往的路線卻成為了死胡同：

> 鄭先生得悉自己的指揮有誤，連聲向我道歉。「不是您的記性不好，
> 是近年來臺北的交通變化太大。您說的是從前的走法；如今許多巷

〔註108〕白先勇著：〈冬夜〉，《臺北人》，頁293。
〔註109〕關於林文月的文學特色，詳見封德屏編：《2007臺灣作家作品目錄》，上網日
期2016.9.08　網址：http://www3.nmtl.gov.tw/Writer2/writer_detail.php?id=754
〔註110〕三民書局：《臺灣現代文選》，頁147。

> 道都有限制，不准隨便左轉或右轉的。」我用安慰的語氣說。「唉，
> 好些年沒有來看臺先生，路竟然都不認得走了。」他有些感慨的樣
> 子，習慣地用右手掌摩擦著光禿的前額說。「其實，是您的記性太好，
> 記得從前的路啊。」我又追添了一句安慰的話，心中一陣酸楚，不
> 知這樣的安慰妥當與否？

面對老師指揮錯誤的道歉，林文月連忙安慰。鄭騫的感慨，也讓林文月爲之
一陣酸楚。新時代的城市建設衝擊，不只改變了地景的文化風貌，連過去的
記憶都一去不復返。如今，時過境遷，人不再，空間場景也不再，一棟棟鋼
筋水泥的高樓大廈正在溫州街的一端正加緊趕工之中。深怕觸景傷情的林文
月，竟又在不知不覺中，走到這記憶深處裡的溫州街：

> 不知道走了多少時間，終於來到溫州街十八巷口。夜色迷濛中，果
> 然矗立著一大排未完工的大廈。我站在約莫是從前六號的遺址。定
> 神凝睇，覺得那粗糙的水泥牆柱之間，當有一間樸質的木屋書齋；
> 又定神凝睇，覺得那木屋書齋之中，當有兩位可敬的師長晤談。於
> 是，我彷彿聽到他們的談笑親切，而且彷彿也感受到春陽煦暖了。

在一大排尚興建完成的大樓之中，林文月來到了當初的六號的遺址前。雖然
當初的房舍如今夷爲平地，但回憶歷歷在目。兩老的談笑親切彷彿重現面前，
時間的洪流帶走了過往的人、事、物。但文化的內涵與精神，將如溫州街的
文化記憶被記載與傳承。

2. 成長與記憶

　　齊邦媛指出：「古往今來，人類對家鄉和往事的懷戀一直是文學的主要題
材。」〔註111〕街道是城市的場景，而城市則是市民的家鄉。在孩提牽著父母
親的手，舔著冰棒、吃著棉花糖走過城市裡的巷弄；在青年學子的時代，翹
著課、背著書包與同學們一起壓馬路；成年後的工作忙碌，拜訪大街小巷裡
的客戶往來於街道中……等，「街道」見證了市民的成長，同時也看見城市人
的喜悅與哀愁。李渝小說集《溫州街的故事》正是一篇篇其成長與記憶的書
寫。李渝在接受廖玉蕙（1950～）的訪問時指出：

> 我來到美國以後，重新開始接觸中國近代史，突然發現這裡、那裡
> 的名字根本就是我家飯桌上常常被提到的。原來我家飯桌上進行的

〔註111〕齊邦媛著：〈時代的聲音〉，《千年之淚》（臺北：爾雅出版社，1990），頁 10。

> 就是中國近代史！不只是這些，有時候父親回來就說：「唉呀！今天
> 胡適又在找牌搭子！」因為胡適的太太要打麻將，他們家離我們家
> 很近。媽媽買菜回來又說：「啊！黑轎車又停在那兒！」就是張道藩
> 來看蔣碧薇。對我來說是很震撼的，因為在歷史上寫得那麼轟轟動
> 動，在我家只是廚房陰暗的燈下一個飯桌上那麼隨口談起來的名
> 字，這時候，我再來回想，溫州街就變得光輝燦爛，好像所有的故
> 事都在這裡。〔註112〕

胡適（1891～1962）提倡「白話文運動」進而成為五四新文化運動的重要領
袖，先後擔任過北京大學校長、中央研究院院長、中華民國駐美大使等重要
職務，加上研究博大精深、著述豐富等身，是近代中國學術的權威人物。張
道藩（1897～1968）則是立法院院長，本身具有豐富的學養與創作才華，更
是國民政府文化事業與政治宣傳的重要決策者。其與名畫家徐悲鴻（1895～
1953）的妻子蔣碧薇（1899～1978）的婚外情，更是轟動藝文界的大新聞。
這些常出現教科書上的人物，竟就在李渝身旁發生。李渝父親曾為《中國一
週》主編，文化界知名人士，那些出現在教科書上作品的作家如：王藍、陳
紀瀅、蘇雪林（1987～1999）、謝冰瑩（1906～2000）、琦君、鍾梅音、孟瑤
（1919～2000）、張漱菡、張秀亞（1919～2001）等都李渝家的座上貴賓。無
怪乎李渝自言「原來我家飯桌上進行的就是中國近代史」。

　　雖然其生活是一部中國近代史，但年輕時期的李渝帶著外省族群的失落
來到溫州街。痛恨這裡所有的人、事、物，一心只想遠離他方，其自言：

> 少年時把它看作是失意官僚、過氣文人、打敗仗的將軍、半調子新
> 女性的窩聚地，痛恨著，一心想離開。許多年以後才了解，這些失
> 敗了的生命，卻以巨大的身影照耀著、引導著我往前走在生活的路
> 上。〔註113〕

〈夜煦〉裡由孩童透過旁人的述說、新聞與照片，進而尋找出女伶與胡琴師
的愛情。〈她穿了一件水紅色的衣服〉裡則透過照片的的人像回憶當初在無情
戰火中犧牲的軍官。〈傷癒的手，飛起來〉中主角的父母，一樣藉著照片拼湊
並建構過往的記憶。〈夜琴〉裡同樣藉由一張全家福合照，道出白色恐怖下親

〔註112〕廖玉蕙著：〈生命裡的暫時停格：小說家郭松棻、李渝訪談錄〉，頁77。
〔註113〕李渝著：〈臺靜農先生‧父親‧和溫州街〉《溫州街的故事》，（臺北：洪範書
　　　店，1991），頁232。

人離散與等待的故事。〈菩提樹〉主角見證大哥哥陳森陽因白色恐怖而被抓走的經歷。〈朵雲〉述說著大學教授與其下女的不倫之戀。〈煙花〉則述說著喜歡上音樂老師的女孩故事。七篇故事以均以溫州街爲背景，寫下不同的主題：〈夜煦〉、〈她穿了一件水紅色的衣服〉寫名人的愛情、〈傷癒的手，飛起來〉寫尋常百姓的日常、〈夜琴〉〈菩提樹〉寫白色恐怖、〈朵雲〉寫老年人的不倫戀、〈煙花〉寫少女的愛戀。一個個的故事透過主角「阿玉」貫串其中，所有人物的生離死別、政治迫害、心靈創傷，都是大時代動盪下的縮影展現。《溫州街的故事》李渝寫下自己，同時也寫下外省族群的集體記憶。國族的認同、故鄉的思念、家族的記憶，都隨著溫州街裡的人事物流逝而埋藏在記憶的回憶之中。

小　結

　　從八、九〇年代臺北「生活空間」裡的「住」、「行」文學書寫，藉由作家之筆，可以帶領讀者重現城市地景與生活樣貌。在「住」之文學篇幅中，作家大書特書城市建築外貌黃凡的《財閥》與朱天文的《荒人手記》皆寫下城市建築外觀的富麗堂皇。陳映眞的〈雲〉與黃凡的〈大時代〉則述說了近看建物實體的雄偉姿態。黃凡的〈命運之竹〉、林燿德的〈巨蛋商業設計股份有限公司〉及朱天文的《荒人手記》則使由高樓窗外由內向外眺望的景觀書寫。林燿德的〈幻戲記〉、朱天文的〈世紀末的華麗〉及朱天心的〈佛滅〉刻畫了站在城市頂端遠觀遠方。作家以不同的角度觀察臺北城市天際線等等多元的風貌。而除了建築的空間形塑，其城市住宅大樓間的人際關係，更是作家關心的課題。透過作家對城市的觀察，在黃凡小說〈慈悲的滋味〉、朱天文〈帶我去吧，月光〉見證城市人對空間主權的自我強烈宣示。在王幼華的〈健康公寓〉與〈麵先生的公寓生活〉中，看見可以城市人比鄰而居的疏離與冷淡、隔閡與窺伺。張大春的〈公寓導遊〉與幾米的《向左走　向右走》則凸顯出城市生活中，人與人之間相互交錯的荒謬與疏離呈現。整體而言，由八、九〇年代臺北「生活空間」裡「住」的文學書寫中，可看見臺北城市人居住的環境日趨優渥，但卻在人際之間更顯疏離冷漠。

　　在「行」之文學書寫裡，著墨最多莫過於交通空間的壅塞嚴重，這也正呼應八、九〇年代臺北交通黑暗期的時代。黃凡的〈紅燈焦慮狂〉表現城市

人被塞在車陣中的焦慮，黃凡的〈慈悲的滋味〉則藉由大學生騎腳踏車穿梭車陣中以凸顯臺北汽車阻塞的嚴重。林燿德的〈三零三號房〉裡的主角連假日都被塞在車陣動彈不得，林燿德的〈白蘭氏雞精〉則以嘲諷的口吻述說臺北捷運完工的遙遙無期。除了街道上的交通紊亂，在交通運輸工具內，則有不同的表現朱天心的〈十日談〉裡，塞在車陣的許敏輝在舒適豪華的自家轎車中聆聽音樂跟著唱和。黃凡與林燿德合著的《解謎人》透過開車的自己陷入癱瘓的交通，以呼應自己陷入金融風暴的混亂之態。相較於自我轎車擁有私領域的生活空間，朱天心的〈第凡內早餐〉、黃凡的〈曼娜舞蹈教室〉與蘇偉貞的〈公車反戰記〉寫盡在公共汽車上人與人之間擁擠、躁熱還有爭執下的煩悶。而朱天心的〈帶我去吧，月光〉更寫下在擁擠公共運輸空間之下，城市女性遭受侵犯的眞實寫照。

此外，在臺北街道空間書寫中，筆者分別以代表新世代的仁愛路與舊時代的溫州街的街道書寫舉例來呈現新舊交互下，街道所寄寓的人文風貌。在新世代代表的仁愛路上，白先勇的《孽子》與李昂的〈一封未寄的情書〉寫出仁愛路的寬闊形象。黃凡的〈命運之竹〉預言了八、九○年代仁愛路的昂貴地價。白先勇的〈永遠的尹雪艷〉及〈那片血一般紅的杜鵑花〉都寫下仁愛路上氣派的豪宅樣貌，仁愛路這條精華路段，豪宅矗立，更成爲「高級住宅區」的代名詞。此外駱以軍在〈降生十二星座〉透過擁擠的仁愛路道城市人之間的內心困頓與疏離。黃凡的〈賴索〉道盡的身處在仁愛路這些上流社會令人厭惡的嘴臉。李昂的〈一封未寄的情書〉則藉由仁愛路行道樹的成長宣示自我女性的獨立與成長。至於南城溫州街裡展現舊時代的街道空間意象書寫。李渝《溫州街的故事》系列小說與駱以軍的〈溫州街夢見街〉寫出溫州街的印象——寧靜與清幽。而白先勇的〈冬夜〉與林文月的〈溫州街到溫州街〉分別寫出知識份子的時代困境，與新時代裡文化傳承的意義。李渝《溫州街的故事》系列小說將自己的成長與記憶經驗轉化到文字中，透過七篇故事道出外省族群的集體記憶，包含了國族認同、故鄉思念與家族記憶於其中。

整體而言，在八、九○年代臺北「生活空間」裡「行」的文學書寫中，表現最爲明顯爲交通壅塞的現象，反映著進步發達社會中的「亂象」，而代表新世代的仁愛路呈現新時代城市的繁華與城市階級的差距與疏離之感。代表舊世代的溫州街，保留著悠長歲月不變的寧靜安詳，同時刻鏤著離散與重逢、成長與懷舊的無法磨滅記憶。這些文學書寫重現了八、九○年代臺北「生活

空間」裡臺北人的「住」與「行」。法國哲學家皮耶諾哈（Pierre Nora，1931
～）說：「對地方與空間的認知，會由於人的意願或者時代的洗禮，變成一個
群體的記憶遺產。」〔註114〕城市空間對市民而言，不僅僅是容納活動的場所，
也承載著長期堆砌累積的歷史元素、文化認同與人們生活過的切身經驗。這
些建築、街道等作爲城市中的符號，誠如羅蘭・巴特（Roland Barthes）所形
容：「符旨瞬間即逝，符徵將留存下來。」〔註115〕

〔註114〕陳子弘著：《臺灣城市美學：在地學醒的亞洲新風貌》，頁115。
〔註115〕羅蘭・巴特（Roland Barthes）著，王志弘譯，〈符號學與都市〉，收錄於夏鑄
　　　　九、王志弘編譯，《空間的文化形式與社會理論讀本》。（臺北：明文書局，
　　　　1993），頁535。

第八章　八、九○年代臺北城市「生活空間」文學書寫中的育與樂

　　美國心理學家馬斯洛（Abraham Harold Maslow，1908～1970）的「需求層次理論」（Maslow's hierarchy of needs）指出，當人們物質生活得到滿足時，就會往更高階的精神層面邁進。八、九○年代臺北城市市民物質生活並不缺乏，對於精神生活的陶冶相當重視。而這個時期關於「育」、「樂」空間書寫亦十分顯著。「育」可分「養育」、「教育」兩大類，在本章城市生活空間的討論中，「養育」著重於扶養的環境（即空間）探討，「教育」則側重於城市空間的知識教育薰陶的討論。「樂」則分別以室內的「娛樂空間」與戶外的「休閒空間」分節討論。

第一節　養育空間

　　一個人的成長養育過程之中，其所生活的最重要空間莫過於家庭。家庭環境對人格養成影響極大，也因此在養育空間的探討中，筆者以家庭環境的主要討論對象。城市生活的崛起，改變了傳統的鄉村生活型態，過程中「養育空間」也產生極大的波動。這樣的空間波動造成了城市青少年犯罪現象的大量出現。相對於傳統的鄉村社會，城市之中「青少年犯罪」成為城市犯罪顯學。對此美國犯罪學學者路易絲・謝利（Louise Shelley，1952～）研究指出：

> 在工業化出現以前，由於青少年幾乎沒有獨立性和受到父母的嚴密
> 監督，少年犯罪是一種罕有的現象。城市環境和父母走出家門就業，

　　有利於促使往往是同輩的青少年中容易發生的青少年犯罪，從而助
　　長了違法者抵文化群。〔註1〕

工業化以前的社會形態以鄉村為主。鄉村社會多為家族群聚，這樣的「養育
空間」裡有許多的長輩們可以相互照應，青少年的成長階段都在家族的照顧
之下成長茁壯。由於「青少年幾乎沒有獨立性和受到父母的嚴密監督」，所以
在傳統的鄉村社會裡的青少年犯罪上數少見。然而工業化的社會以城市為主
要型態，城市裡的家庭結構丕變，原本的大家庭型態改為小家庭為主，「養育
空間」改變了。長輩們不在身邊，擔任扶養的角色落在父母身上。然而城市
生活經濟壓力大，雙薪家庭的父母親皆在外工作，長時間的在外奔波勞累，
回到家後疲憊不堪。常疏忽於親子教養互動，導致家庭教育失衡。其次，城
市生活中「單親家庭」及「隔代教養」比例激增，單親的家長一個人扶養孩
子，經濟負擔更為沉重；隔代教養則託付年邁的祖父母照顧，在瞬息萬變的
城市生活中由於代溝，在觀念上出現落差，而無法周全照料。因此在這樣的
「養育空間」裡，青少年得不到家庭關愛，轉而向同儕間取暖。然而青少年
的血氣方剛、意氣用事，不慎極易因此而發生犯罪問題。

　　蕭颯（1953～　）的《少年阿辛》就寫下因缺乏家庭關懷，而在闖蕩臺北
城市裡誤入歧途的青少年故事。男主角阿辛原本居住在宜蘭羅東，但自小家
庭環境惡劣，有一位會賭博、酗酒與家暴的父親。十一歲時父親在賭場被殺
死，因為缺乏家庭溫暖，國中時的阿辛打架、偷竊、曠課樣樣來，是學校裡
的問題少年。上了高中一樣問題層出不窮而被退學，之後來到了臺北城市討
生活而結識了毛妹、彭大、老K、斜眼等人。這些青少年每一個背後都是一個
問題家庭，因為「養育空間」的失衡使他們物以類聚結為好友。在紙醉金迷
的城市「生活空間」裡，學歷不足、身無一技之長的他們，被迫淪落在臺北
街頭混幫派、偷竊、街頭械鬥的逞兇鬥狠。後來毛妹為了家庭負擔，到色情
理髮廳裡賣身；彭大在一次城市械鬥中被對方的群眾打成植物人；主角阿辛
與老K在斜眼的叫唆之下先持槍恐嚇取財牙醫診所，再綁票老K富裕的同學
小金勒贖。最後毛妹在吸毒嗑藥意識恍惚的情況下，持槍殺了小金。而阿辛、
老K、斜眼等人也因為結夥搶劫而被捕入獄判死刑。整部小說以悲劇收場，令
人不勝唏噓。

<hr>

〔註1〕路易絲・謝利（Louise Shelley）著，何秉松譯：《犯罪與現代化：工業化與城
　　　市化對犯罪的影響》（北京：中信出版社，2002），頁30。

　　青少年時期對人的心理成長與價值觀的認定是個重要的里程碑，艾瑞克森（E. Erikson，1902～1994）於「心理發展理論」（psychosocial developmental theory）指出青少年階段的任務是「自我認同與自我混淆」。當青少年時期的發展階段產生了混亂時即為發展危機期，若危機處理不足，價值觀的混淆與偏差將可能陷入前所未有的困境。若順利通過危機的考驗，則能達到自我認同的地步。可惜《少年阿辛》中的阿辛、毛妹、彭大、老K、斜眼等人，在成長的這個階段得不到「養育空間」（家庭）的關愛，又在同儕的血氣方剛下迷失自我。誤入歧途的他們又沒有人能拉一把，終於越陷越深而無法回頭。郝譽翔指出：

> 家庭的不完整，導致這些青少年淪為社會的邊緣人。……在《少年阿辛》等小說中，我們看到的卻是每個青少年背後都馱負著一個殘破的家庭，成為倫理瓦解下的犧牲品。蕭颯既把罪惡的根源，導向於不幸的家庭，而家庭的不幸又多半肇因於金錢，所以在都市生活的金錢遊戲之中，人人都成了資本主義物化的對象，也就失去了愛人的能力。〔註2〕

蕭颯《少年阿辛》的故事正是八、九〇年代的臺北城市青少年犯罪的縮影。這樣的事件經常真實的血淋淋地在臺北城市中上演，張毅指出：

> 「少年阿辛」是一個小檔案，據我所知，她的真實模擬對象，比小說裏的阿辛更不自覺，闖的禍也更可怕。而這樣的案例，據說在依法起訴的檔案裏，不勝枚舉。〔註3〕

《少年阿辛》是蕭颯觀察了八、九〇年代的臺北城市裡那些青少年犯罪的事件案例所改寫的故事。透過如此沈重的內容，作家帶領讀者思考社會的許多議題，包括：

一、暴力導致教養空間失序

　　家庭暴力，是家庭「養育空間」失序的主因之一。阿金的父親在一次發酒瘋，用清水溝的巨大鐵鉗子，將阿辛打得半死，三天在床上動也不能動。

〔註2〕郝譽翔著：〈社會、家庭、鄉土——論八〇年代臺灣女性小說中的三種「寫實」〉，《情慾世紀末——當代臺灣女性小說論》（臺北：聯合文學，2002），頁22～23。

〔註3〕蕭颯著：《少年阿辛・前言》（臺北：九歌出版社，1988），頁2。

家庭暴力讓受虐孩童缺乏溫暖，當阿金的父親死亡時，家裡非但沒有一絲難過，阿辛的母親還說：「不是我要這樣說他，實在也是虧他早死了，廠裡發了點撫卹金，勉強過日子我不怕，就怕他爬出土來又搜了去賭。」〔註4〕一連串的家庭教育失衡讓阿辛註定走向一條艱苦的人生道路。

二、貧窮導致價值觀念扭曲

資本自由的競爭社會裡，物競天擇，適者生存。「養育空間」失衡失序，孩童生長中得不到妥善的照顧，使原本就是生活弱勢的人們更是永無翻生機會。當上流社會的城市人穿名牌，開著進口轎車，享受著大飯店中奢華饗宴時。底層社會的人們像阿辛的母親與姊姊甚至為了一張衛生紙可用、一塊肥皂可洗的小事爭吵不休。在如此懸殊的社會裡，貧窮會扭曲的人的價值觀。譬如在「養育空間」困乏成長中的毛妹，便嚮往有錢的生活，毛妹自言：「要我嫁人，第一就是有錢，長什麼樣子都沒有關係啦！」〔註5〕為了錢可以不惜代價，建立在沒有感情的婚姻也在所不惜。更糟糕的是哥哥彭大因為街頭械鬥被打成了植物人，毛妹為了負擔家計甚至出賣身體到色情理容院工作。貧困的環境空間將城市底層、在社會中沉淪的人打至谷底。

三、賭毒導致生命抱憾終生

貧困的環境空間使得城市底層的人們身心俱乏。為了逃避現實的困頓，阿金的父親成迷賭博妄想一夜翻身致富。然而十賭九輸是賭博不變的定律，失意的阿金父親借酒消愁，回到家庭，將一己不如意遷怒家人而暴力相向。在沈迷賭博又沒錢還債的情況之下，阿金的父親終於自食惡果被討債的人活活砍死。吸毒嗑藥是一時的抒壓，片刻的歡愉。毒癮發作讓人痛不欲生，毒品讓人無法自拔而越陷越深，帶來對身體的傷害是一輩子的事。毛妹為了扛起家計到色情理容院工作，龐大的經濟壓力讓毛妹開始藉毒品「白板」〔註6〕

〔註4〕蕭颯著：《少年阿辛》（臺北：九歌出版社，1988），頁78。
〔註5〕同前註，頁29。
〔註6〕「白板」是一種白色結晶的粉狀毒品，常以口服或以混合在酒品、海洛因及大麻中被服用。「白板」可以抑制大腦中樞神經，服用者先會有高潮式的精神快感，隨後平靜而祥和。「白板」同時也會傷害大腦中樞神經，中毒輕微者流鼻血，嚴重者會呼吸急速、全身痙攣抽搐、肺水腫甚至出現休克以致死時有所聞。

來抒壓。當吸毒嗑藥的毛妹再出現時「不但人瘦得皮包骨，兩邊顴骨高得嚇人，就連神情和樣子也跟從前大不相同了」〔註7〕。最後毛妹吸食「白板」過量，在精神恍惚下，持槍射殺了小金，從毒犯變成殺人犯，終身遺憾。

關於《少年阿辛》這部小說的社會意義，呂佳芸指出：

> 這部小說反映了經濟起飛後，貧富不均與貧富差異拉大的問題，在農業社會被工商業社會所取代的情況下，傳統道德紛紛崩解，新的規範制度卻尚未建立，家庭制度因社會的劇烈變遷而失去功能，甚至解組，一時之間價值觀錯亂，影響最大的，就是成長中的青少年，明知「結夥搶劫，判處死刑」，仍在家庭失序之中犯下大錯。〔註8〕

作家以現實的城市生活觀察，雖然該一事件不等同、也無法比擬全臺北城市裡的所有教養。事實上這樣的事件故事只能算是個案問題，但作者以極端的個案透過小說裡的青少年「養育空間」的失序而衍生許多的罪愆，除了帶領讀者窺見八、九○年代臺北城市裡的社會問題之外，更重要是要喚起城市人們對於家庭教育這「養育空間」問題的重視。

第二節　教育空間

文字是人類文明的偉大發明，它將無形、難以被保存的知識以有形的載具紀錄下來。於是知識文明被永久保存在圖書之中，透過圖書教育，人類的知識文明得以恆久傳承。城市人的知識水準極高，每個家裡都有不少的書籍，甚至成為一個小型的圖書閱讀的藝文空間。然而，早年臺灣物質條件貧乏，購買書籍的資源不足。因此多數人吸收新知，多選擇去圖書館借閱，甚或待在書店直接閱讀。

一、知識空間環境的養成

重慶南路是臺北著名的書店街，早在日治時期即在此設立了「臺灣書籍株式會社」，專門印製當時的教科書，光復後改制為「臺灣書店」亦是編審、印製臺灣早期教科書的重要場所。六○年代以後，重慶南路應位居交通樞紐

〔註7〕蕭颯著：《少年阿辛》（臺北：九歌出版社，1988），頁226。
〔註8〕呂佳芸著：《蕭颯家庭小說研究》（嘉義：中正大學臺灣文學所碩士論文，2009），頁95。

臺北車站與流行文化西門町的交界之處，因地利之便開始成爲書店的聚集地。全盛時期的重慶南路，其書店和出版社超過百家，是許多青年學子挖寶求知的圖書教育空間。愛亞（1945～）就寫下六〇年代臺北重慶書街回憶：

> 到臺北西站下了車，小跑步奔向重慶南路……民國五十年左右的書店都是臺灣式長條形一通到底的房厝，……書籍擺置擁擠、雜亂，站立通風不良有人擠人的書店中看書常看得頭重腳重冷汗浮淋……覺得店員眼白越來越多時就轉換隔鄰另一家書店……〔註9〕

在物質貧乏的六〇年代，「城中」的重慶南路是全臺最大書店街。求知若渴的青年學子們坐公車前往客運「臺北西站」下車後，便直奔重慶南路。大家待在「站立通風不良有人擠人的書店中看書，常看得頭重腳重冷汗浮淋。」求取新知的學子在狹隘的空間中以克難的方式閱讀，待久了沒消費，店員給了白眼時就又轉往另一家書店閱讀。「一家一家毗連書店的重慶南路曾是文藝青年朝聖的殿堂，日日皆有許多當時及未來的作家臨書佇立」〔註10〕重慶南路書店街這個藝文空間每到假日必定人潮洶湧。在這藝文空間裡被薰陶培育的學子，包括：尉天驄、黃春明、白先勇、歐陽子等人日後都成爲知名的作家。時空轉移，八、九〇年代的臺北物質條件變好。重慶南路書店街生意不如從前，但依舊是全臺最大的圖書藝文空間。但有別於的在書店裡站著看書，許多的愛書人會如《傷心咖啡店之歌》裡的女主角馬蒂一樣：

> 馬蒂滾落下床，啪一聲她跌在地上，覺得很痛快。她來到桌前，取出昨晚到重慶南路買的一袋書，珍而重之地打開，像是打開一扇面海的窗。昨天，下班之後，她搭上熟悉的 252 號公車，不同的是她去對街搭了相反的去向。公車直駛到火車站前，她下車走到重慶南路，久旱逢雨一樣見書就買。她買了李維史陀的《野性的思維》，尼采的《查拉圖斯特拉如是說》，《瞧！這個人》，《歡悅的智慧》，叔本華的《意志與表像的世界》，還有以賽亞·伯林的《自由四論》。買完之後她意猶未盡地在書街上漫遊，直到看到了那個男孩子。〔註11〕

一樣的地點，不一樣的時空。八、九〇年代的城市人像馬蒂一般坐著公車來到重慶南路，基於對知識的渴望，讓她「久旱逢雨一樣見書就買」。從李維史

〔註 9〕 愛亞著：〈永遠偕行〉，《臺北記憶》（臺北市政府新聞處，1997），頁 61～62。
〔註 10〕 吳秋華主編《臺北記憶》（臺北：臺北市政府新聞處，1997），頁 63。
〔註 11〕 朱少麟著：《傷心咖啡店之歌》，頁 79。

陀的《野性的思維》到賽亞‧伯林的《自由四論》，愛書人帶著珍愛的書籍另尋一個舒適清幽的空間，或家裡、或咖啡店，享受閱讀的樂趣，獲得精神文化的薰陶。

二、圖書空間型態的改變

　　在資本主義至上商業競爭激烈的八、九○年代臺北，書本不只是文化，更是商品。書店型態改變：書店的環境空間不能再是擁擠、雜亂，要有裝潢、要有質感，甚至要有噱頭才能吸引消費者的目光，黃凡的〈小說實驗〉就寫下書店空間的創意陳設：

> 街角的「希雅書店」是我週末常常逗留的地方，那裡建了一座新式電動陳列架，就像流行過一陣子的「火車壽司」，顧客只要往椅上一坐，便能隨手取閱由一部玩具坦克當火車頭牽引的書籍，第一節架上陳列本月的暢銷書，偶爾也有例外，譬如某位剛剛獲得諾貝爾獎作家的作品。炮管上也有精美佈置，《巴頓將軍自傳》這本書再版推出時，坦克旗桿上便升起了巴頓將軍像。我個人比較喜歡聖誕老人的那輛「鹿車」，車後拉著一張張聖誕卡和有關「雪」的故事書，吸引了不少家庭主婦，我記得那個月和女友見面的地點十有九次都是在鹿車經過的座位上，那一陣子書店也賣霜淇淋，大約也是配合「雪」的主題吧。〔註12〕

為了吸引消費者，「希雅書店」裡建了一座新式的電動陳列架。顧客不用在走道書架裡搜尋，電動陳列架像「火車壽司」一樣「一部玩具坦克當火車頭牽引的書籍」將其帶到顧客的面前。上面會放上這個月的暢銷書、或是當紅的書籍如「獲得諾貝爾獎作家的作品」。當要銷售特殊的書籍時，連書店的陳設都有所改變，如《巴頓將軍自傳》推出時，就在當牽引的坦克旗桿上放上巴頓將軍像；當聖誕節來臨時，書店會應景的將坦克改為聖誕老人所拉的鹿車，車的後面拉著是「車後拉著一張張聖誕卡和有關『雪』的故事書」，甚至還複合式經營起了霜淇淋。這樣的情境空間銷售手法，成功吸引了家庭主婦購買，為書店帶來可觀的收入。在新型態的書店裡，除了環境空間的改變之外，其中「暢銷書排行榜」成為了八○年代以來圖書市場新導向，蔡小兵指出：

〔註12〕黃凡著：〈小說實驗〉，《黃凡小說精選集》（臺北：聯合文學出版社，1998），頁278。

排行榜，有著明顯的促銷性。它不僅可以給讀者起引導作用，也可以成爲書店宣傳其圖書的依據。圖書的銷售量隨著它在暢銷書排行順序的上下波動而波動說明排行榜完全成爲圖書銷售資訊的一個回饋點，同時也是圖書宣傳效果的一個顯現點。然而這種促銷性也使它容易淪爲作家或出版社炒作圖書的幫兇之一。製造假像，攻進排行榜的例子國內外不勝枚舉。〔註13〕

銷售排行榜的好處是給予讀者在茫茫書海中一個引導作用，同時也成爲書店宣傳的依據。但其「引導式」的排行機制同時「容易淪爲作家或出版社炒作圖書的幫兇」。商業資本市場藉由排行榜炒書籍或作者的知名度，進而賺取大量的金錢。在此市場機制下，書籍不只是單純的知識的載體，更是賺取金錢的文化商品。這正是資本主義文化工業下，以金錢爲導向的圖書市場結果。書籍的內容不再是書商的第一考量，能賺錢才是首要目標。因此書商再歸納「暢銷書」的特質，包括書籍的價錢、書籍的厚度、書籍的種類，甚至連暢銷書內容的成功元素都加以統計考量，進而再度複製另一本「暢銷書」。文化複製的結果，讓圖書成爲文化商品，在文化工業的強勢炒作下，圖書的價值限縮，更趨功利與媚俗。

雖然八、九〇年代的圖書文化充滿商業氣息，但在競爭激烈的城市社會裡，書本上的文字內容依舊是知識基礎的累積。城市家長特重孩子的教育，在「不要讓孩子輸在起跑點」的流行口號之下，許多的家長仍會帶著孩子到書店或圖書館裡引導孩子閱讀。朱天心〈袋鼠族物語〉中的身爲家庭主婦的女主角就是如此：

她帶小袋鼠去你絕對沒去過、甚至不知道的親子圖書館或書店，愈去愈慌張，發現小動物的世界競爭已如此激烈，有四五歲的小孩在朗朗唸著沒有注音符號的讀物，有兩三個才會說話不久的小孩快要吵起來的在討論雷龍暴龍虛形龍是草食還是肉食動物；有背小學書包的心男生鬧媽媽帶他去動物園玩因爲這裡面的書他全看過了，不知是真是假，但總歸聽得她簡直心驚膽跳，覺得她們母子已被淘汰出局。〔註14〕

〔註13〕蔡小兵著：《國內目前暢銷書排行榜研究綜述》（中國科技論文線上），頁1。
〔註14〕朱天心著：〈袋鼠族物語〉，《想我眷村的兄弟們》，頁182～183。

城市的競爭激烈從孩提時期就已開始，在臺北會「發現小動物的世界競爭已如此激烈」。當鄉下的孩子還在公園嬉戲時，臺北的孩子已經被家長送往各式各樣的補習班，學鋼琴、舞蹈、書法、心算……等才藝了。在親子圖書館或書店裡，家長們看著別人家的孩子表現，越看越驚。「有四五歲的小孩在琅琅唸著沒有注音符號的讀物」，不久前才ㄚㄚ學語的孩子已經在討論恐龍的特性，還有全看完書的小學生吵著要去動物園玩。城市孩子的競爭激烈，從對圖書教育空間裡的書籍的編輯生產以及書店的裝潢陳設，乃至文化知識的傾銷，即可看出其端倪。

第三節　娛樂空間

　　「娛樂」係指讓人身心歡快的活動，城市人白日忙碌於工作，夜晚正揭開城市娛樂活動的序幕。因而夜夜笙歌、夜夜狂歡的夜生活，成為城市娛樂的代名詞。本節先探討城市娛樂的夜生活特色，再針對夜生活中的重要娛樂空間——「酒吧」與「舞廳」分別討論。

一、夜生活的歡愉

　　城市繁華東移，東區的夜晚變的很不一樣。黃凡的〈東區連環泡〉以戲謔的口吻寫下東區「生活空間」習慣的變遷：

> 東區開放廿四小時營業後，許多奇妙事發生了。
>
> 剛開始的時候，東區的居民是最艱苦的一群，他們必須加厚窗戶和窗簾，以擋住噪音和強光，必須訓誡他們的子女不要在半夜偷溜出去，必須給他們的狗戴上口罩，必須拆掉門鈴，因為不時有人會來問路或借打電話，但更重要的是必須調整他們的生活態度。
>
> 原始東區居民的生活態度是傳統的、沾沾自喜的（因為啊—他們住在全國地價最昂貴的區域），但現在他們必須維持一種逆來順受的幽默感，譬如，當他一早起來，伸個懶腰，跌跌撞撞地打開門去拿早報時，他們會發現某個「夜貓族」已經捷足先登，這個夜貓族會用一種沾沾自喜的聲音告訴他：「我就知道我昨天錯過什麼？」
>
> 「錯過什麼？」

「最後一場電影。」夜貓族說,同時露出該死的笑容。〔註15〕
在「信義計畫區」尚未規劃時,東區原是田野一片,很多地方甚至連路也沒
有。「原始東區居民的生活態度是傳統的」,「民國五一年開始,這塊水田每隔
三、四年地價便上漲一倍。等到紀念館落成那一年,它的身價已達到六億元。」
〔註16〕所有的東區的土地都如黃凡〈命運之竹〉所言,皆翻十倍成長成為了
「全國地價最昂貴的區域」。八、九○年代的臺北再也看不到一塊水田,高樓
大廈櫛比鱗次。東區的繁華為居民帶來財富,但也同時帶來生活品質破壞的
隱憂。「他們必須加厚窗戶和窗簾,以擋住噪音和強光」,因為外頭的「頂好
商圈」夜晚總是充滿惱人的噪音與人潮。東區的原始居民「必須訓誡他們的
子女不要在半夜偷溜出去」,因為外面充滿太多美麗的誘惑。他們也必須給狗
戴上口罩、拆掉門鈴,才能謝絕一切的半夜打擾,他們必須改變自己的生活
態度,因為他們面對的是一群新興的族群——夜貓族。夜貓族係指三更半夜
晚睡或是熬夜到天亮的城市人泛稱,通常以年輕人為主體。夜貓族「日出息,
日落而作」完全顛覆原有的東區生活,當原始居民起床拿早報時,會發現報
紙早已被他們夜貓族的捷足先登了。他們時常在夜晚玩樂,夜生活是他們重
要的娛樂活動。

在夜生活中他們享樂與快活:

> 讓我們一道返回燦爛無比的都市,用不眠的意志以及紅腫的愛來武
> 裝被黑暗腐蝕的夜。我們共同吹著笛,將失落在上一個世紀的孩童
> 們還給這座老化的碑林用他們的聲音擦醒蒙塵的、和天堂最接近的
> 島嶼。〔註17〕

城市繁華喧鬧,城市夜貓族「用不眠的意志以及紅腫的愛來武裝被黑暗腐蝕
的夜」他們在夜裡喧囂,用他們的方式活出自我的精彩。在林燿德的〈大東
區〉裡,繁華東區的夜生活上演著:

> 忠孝東路頂好附近仍然有許多行人閒適地遊蕩。少女們將頭髮染整
> 得五彩繽紛,散漫步行,不時爆出幾句高音的浪語。
>
> 白天壅塞的車道,現在流曳著一道道輕快曳流的光軌,沉鬱的建築
> 被霓彩的節奏一棟棟喚醒,鮮活的生命力在整個東區的夜裡蓬蓬發

〔註15〕黃凡著:〈東區連環泡〉,《東區連環泡》(臺北:希代書版公司,1989),頁12。
〔註16〕黃凡著:〈命運之竹〉,《曼娜舞蹈教室》,頁124。
〔註17〕林燿德:〈城〉,《一座城市的身世》,頁205。

散。所有行動在夜東區的人類，正攜帶著奇異的生存慾望。

婦女和中年紳士們都在他們各自的臥房中臥倒。零時過後，東區年輕起來。

「一股憂鬱的感覺，」春仔鼻腔噴出小雪茄濃郁的氣味：「像阿呆的十八歲。」

「別說我沒警告過你。」阿呆勾著防風夾克，半個暑假蓄下的黑髮，在額際興奮地飄逸。

三人匆匆橫越大道，拐入巷內。

「等你，在雨中，在造虹的雨中，」

春仔將煙頭拋向浮泛青光的夜空：「你來不來都一樣，都一樣。」

「小虎隊的新歌？」阿呆拍春仔的頭，春仔靈活閃避，迴身一腳又踹中阿呆的白長褲。

「他媽的余光中的詩都不知道，」春仔拔腿前奔：「沒氣質的很哪。」留下阿呆懊惱地試圖在潔白的褲面拍下那個黑靴印。

喧鬧的午夜。

從整個部市凝聚出來的光澤，靜靜頂起天空，抹去星子的亮度。人工的光澤抵抗著漆黑的宇宙。〔註18〕

忠孝東路的「頂好商圈」是八、九〇年代臺北東區最繁華，也是最流行的地方。走在路上隨時可以看見「頭髮染整得五彩繽紛」的前衛造型女子。白天這裡是車水馬龍，晚上「零時過後，東區年輕起來。」不夜城臺北越夜越美麗，年輕人抽著小雪茄、穿著防風夾克在夜晚的街頭四處遊蕩。他們也許沒聽過余光中的詩歌，但一定會唱時下最熱門偶像團體——小虎隊的歌曲。

　　八〇年代末期開始是臺灣影視娛樂黃金年代，尤其偶像團體「小虎隊」的出現更將臺灣的影視娛樂推向高峰。「小虎隊現象」〔註19〕是文化工業產業

〔註18〕 林燿德著：〈大東區〉，林燿德編：《水晶圖騰》（高雄：派色文化出版社，1980），頁 97～98。

〔註19〕 「小虎隊」是由三位平均年齡十七歲的三位大男生所組成的團體，原本是電視臺綜藝節目的助理。因爲擔任節目助理活躍顯眼，加上三位青春陽光的正面形象吸引群眾的目光。後與唱片公司簽約培訓，循日本偶像團體「少年隊」的模式，以勁歌熱舞加上浪漫的抒情歌曲與帥氣的偶像包裝。使「小虎隊」一出道，就因全新的偶像模式在全臺爆紅，歌迷爲之瘋狂、偶像見面會爲之暴動，一時之間成爲全國萬眾矚目的「小虎隊現象」。

下成功的文化商品代表。以簡單的音樂內涵、朗朗上口的情愛歌詞及帥氣迷人的明星魅力，在商業包裝十分成功，但也同時引來文化人士對此「簡單」、「快速」沒有深度內涵的流行文化擔憂。簡妙如指出：「商品與藝術成為流行文化一體兩面的共生實體，而市場、創作自主性及社會影響力，則又是包裹於其中相互拉扯、彼此矛盾的現代性本質動力。」〔註20〕這樣的流行歌曲出現在喧鬧的午夜，三更半夜城市東區卻是燈火通明，抬頭仰望星星早已在城市之光中被抹去了亮度。柯裕棻（1968～）的〈冰箱〉寫下九○年代的城市青年幾乎成為常態的夜生活。：

> 後來我和蕃茄的秘密約會，也是在很類似的狀況下被發現的，我們在二十四小時的誠品書店坐到凌晨三點，結帳後在門口迎面進來的，就是橘子。有一次和阿蕉到華納威秀看午夜兩場電影，整個戲院只有三個人，看完片子燈一亮，那第三個人轉身，竟然是橘子。……〔註21〕

三更半夜裡約會，在臺北仁愛圓環旁二十四小時的「誠品」看書到凌晨三點，到信義區的「華納威秀」電影看午夜場，不夜城的臺北四處都可以看見城市「夜貓族」們的影子。

臺北城市夜生活的多采多姿，除了有「夜貓族」的城市居民四處遊走外，還有一群特殊的族群也是「夜行性動物」。白先勇的《孽子》寫下身為同志的李青，另一種族群的臺北夜生活：

> 白天，我們到處潛伏著，像冬眠的毒蛇，一個個分別蜷縮在自己的洞穴裏。直到黑夜來臨，我們才甦醒過來，在黑暗的保護下，如同一群蝙蝠，開始在臺北的夜空中急亂的飛躍。在公園裏，我們好像一隊受了禁制的魂魄，在蓮蕊池的臺階上，繞著圈圈，在跳著祭舞似的，瘋狂的互相追逐，追到深夜，追到凌晨。〔註22〕

同志族群在思想尚未開放的八○年代，尚無法被社會所接納。大臺北城市裡竟無他們的容身之地。他們無法光明正大的走在路上手牽著手，因此白天他們潛伏著。「直到黑夜來臨，我們才甦醒過來」如蝙蝠般開始穿梭於臺北的夜

〔註20〕簡妙如著：〈審美現代性的轉向：兼論 80 年代台灣流行音樂的現代性寓言〉，《2003 文化研究學會年會》2003，頁 24。
〔註21〕柯裕棻著：《冰箱》（臺北：聯合文學出版社，2005），頁 13。
〔註22〕白先勇著：《孽子》，頁 39。

空。黑夜裡伸手不見五指，他們才可以在公園裡大方的做出渴望的動作。在蓮蕊池的臺階上，他們一起手牽手繞著圈圈，只有夜裡，才能「瘋狂的互相追逐，追到深夜，追到凌晨」。當天一亮，他們又必須像像冬眠的毒蛇一般「一個個分別蜷縮在自己的洞穴裏」。

二、酒吧的迷情

「酒吧」是城市商業活動中所產生的型態產業，同時也是城市文化夜生活特色的代表。酒吧的營業時間是在夜晚，賣酒是要營業項目，提供了消費者一個飲用聚會之所。因此，酒吧不單純只是飲酒的空間，更是城市人的重要娛樂空間。到此消費的城市人們，在燈光昏暗的空間裡，在酒精世界中，有人買醉、有人尋歡、有人獵豔，更偏向的是買一個抒壓的空間。

臺灣的酒吧文化主要興起於「韓戰」〔註23〕與「越戰」〔註24〕時期的美國大兵來臺。「韓戰」才剛結束，1955年「越戰」爆發。臺灣身為西方民主陣線的一員，從「韓戰」與「越戰」，臺灣雖未參戰，卻成為大後方提供了美國豐沛的後勤支援。包括軍事基地的使用、後勤資源的補給、機械武器的修護……等，其中更因為鄰近戰場的地緣關係，臺灣成為了美國大兵輪休的休假中心。許多的美軍機構都集中在臺北，中山北路一到假日滿街的美國大兵四處遊蕩。酒吧、電影院、購物中心沿路而開，自小生活在此地區的張國立

〔註23〕二次大戰結束後以美國為主的「資本主義」的民主世界與蘇俄為主的「共產主義」的共產世界成為嚴重的對立。尤其在1949年中國大陸全面赤化後，美國對於「共產主義」的滲透防堵的不餘力，也因此有「韓戰」與「越戰」的爆發。「韓戰」發生於1950年，二次大戰後的朝鮮半島分別被美國與蘇俄所分治。兩大強國分別扶植「大韓民國」（韓國）與「朝鮮民主主義人民共和國」（北韓）兩個新政權，並皆宣稱擁有朝鮮半島的合法的性。因為主權的問題，在蘇俄的支持下北韓試圖以武裝力量統一朝鮮半島而爆發大規模的戰爭。美國也派遣大量的部隊協助韓國反擊。三年的期間雙方互有攻防，其中具有重要戰略意義，同時也是重要的歷史古都——漢城（今名為首爾）數次異主。最後在聯合國的協調下，雙方以北緯38度為界簽署停戰協定至今。

〔註24〕一樣的政治背景，美國支持的「越南共和國」（南越）與蘇俄支持的越南民主共和國（北越）及「越南南方民族解放陣線」（越共）為了主權爭議而發生了大規模的戰爭。但越戰因叢林環境與游擊型態的特殊性，整個戰爭時間拉長了將近二十年，這段間美國透了大量的人力、物力與財力。長期且大量的戰爭耗損國力，加之將近六萬美國大兵戰死、三十萬美國大兵受傷，終引起美國國內的反戰風浪。最終美國撤軍越南半島，北越擊敗了南越統一了越南，以共產主義為首的「越南社會主義共和國」成立。

（1955～），對中山北路的「酒吧」印象極爲深刻：

> 那時臺北還有美軍顧問團，中山北路全是酒吧，入夜後各種妖嬈美
> 麗的女人都在路旁的樹下散步，老媽不准我上街去玩，免得我學壞，
> 但她永遠不明白，她愈是禁止，我愈是非去不可。說起來我學到的
> 第一個英文單字也在中山北路，有家酒吧掛了個粉紅色的招牌，很
> 醒目，英文是「PINK BAR」，中文則叫「品格酒吧」，從此我一直
> 以爲品格的英文就是 PINK。老媽是對的，中山北路真是教壞囝仔
> 呀。〔註25〕

六○年代到七○年代中期，臺灣是美軍越戰時的休閒娛樂中心，臺北的中山
北路上的酒吧更是美國大兵尋花問柳的豔窟。當時的中山北路上各種酒吧琳
瑯滿目「入夜後各種妖嬈美麗的女人都在路旁的樹下散步」。還是孩提不懂事
的張國立，面對這充滿五光十色的大道充滿著好奇，處在叛逆青春期的張國
立帶著老媽的告誡「她愈是禁止，我愈是非去不可」。因此在中山北路裡他認
識的第一個英文單字「PINK BAR」，「酒吧」成爲他對臺北這城市的深刻印象。
1974 年美國自「越戰」撤退美國大兵銳減，但「酒吧文化」並未消失，取而
代之的是日本的商務客與觀光客。日本的酒國文化也是歷史悠久，在日本他
們去居酒屋，來臺灣他們來酒吧。換了一批消費者，不管是哪一國人，來到
了酒吧總是醉翁之意不在酒，鶯鶯燕燕的溫柔才是最終的目的。

　　置身於酒吧這特殊空間裡，有一種特殊的氛圍。在酒酣耳熱之際，在心
醉神迷的氣氛之下，不管是男人女人都會放下道德的束縛，露出原始的慾望。
尤其到了八、九○年代的臺北城市男女，更不在乎傳統的禮教規範。成英姝
（1968～）的〈怪獸〉寫出城市男女在酒吧裡尋歡作樂的模樣。故事敘述一
日女主角心情不好而跳樓，跳到了陌生男子歐陽的車頂上，所幸人車平安。
陌生男子見女子頗有姿色，因此就相邀去酒吧談心。在迷情的酒吧空間與酒
精的滲透下，兩個寂寞的靈魂相互慰藉。在半醉半清醒之間，兩人開始交往，
從此他們開始流連於不同家的酒吧買醉，後來友人開了一家名爲「怪獸」的
酒吧，漸漸的這裡成爲他們與其他有人聚會的場合。下班之後所有人皆在此
買醉抒壓，在這個娛樂空間裡，他們忘卻所有的身份：情人、朋友還陌生人，
不論對象是誰，只要看上眼就盡情的享受片刻的歡愉。而八、九○年代的臺
北城市女子自我意識抬頭，對於情慾的渴求不只是男人的權利，在酒吧裡男

〔註25〕張國立著：〈去中山北路尋找品格〉，《皇冠》第 600 期（2004.2），頁 204。

人來此獵豔，女人也可以到此尋歡。朱國珍（1967～）的〈夜夜要喝長島冰茶的女人〉就寫下了酒吧尋歡的女人故事：

> 她的腳上穿著時下最流行的涼鞋，就是只靠一根細細的帶子環著腳趾頭根腳踝就能夠走路的涼鞋；她在圓厚的腳趾甲上塗滿了各式各樣的顏色，也包括她的手指頭。這樣的打扮，很容易讓人以為她就是來 PUB 尋樂子的。〔註26〕

女主角亞維儂是標準的城市女人，穿著時尚打扮豔麗，腳上是最流行的鞋款一雙「只靠一根細細的帶子環著腳趾頭根腳踝就能夠走路」的涼鞋。鮮豔的指甲油塗抹在手指甲與腳趾甲，一身的打扮光鮮亮彩，總給人想來酒吧尋歡作樂的印象。她來這家名為「諾亞方舟」的酒吧，而來此的目的確實是尋歡作樂。亞維儂點了一杯「長島冰茶」的調酒，這杯酒如同吧臺師小張說言：「妳知不知道單身女子來 PUB 點長島冰茶，……那代表妳今天晚上想找一個男人」充滿了性暗示。「長島冰茶」雖名為茶卻是一杯道地的烈酒，其味道微辣中帶有一絲可樂與紅茶的氣味。「長島冰茶」的命名是因為此酒所調出來的色澤與紅茶一致，從外觀看不出來是酒。但其成分含有伏特加、蘭姆酒、琴酒還有龍舌蘭，看似酸酸甜甜的雞尾酒，喝完後勁驚人，常有酒醉發生。

在這個充滿迷離的娛樂空間裡，單身女子獨自一人買醉，似乎有那麼一些特殊目的性。亞維儂一個人點上一杯「長島冰茶」後靜靜等待，果然沒多久男人陸續上鉤。吳淑慧指出「在〈夜夜要喝長島冰茶的女人〉中，朱國珍意圖要顛覆的正是這種男性將女性『物化』的想像」〔註27〕在酒吧的調情娛樂空間中，男性的來客人數永遠比女性多許多。在物以稀為貴的資本主義商業法則裡，此時女人比男人更有優勢。因此在酒吧裡是亞維儂選擇男人，而非男人選擇亞維儂。亞維儂以高檔的物質資本作為她的一夜情擇偶標準：「你沒看到嗎？他用 BMW 的鑰匙環」〔註28〕。在酒吧的娛樂空間裡，女性也可以是主動尋歡的一群。

〔註26〕朱國珍著：〈夜夜要喝長島冰茶的女人〉，《夜夜要喝長島冰茶的女人》》（臺北：聯合文學出版社，1997），頁 13。

〔註27〕吳淑慧著：〈勾勒都會場景〉收錄於「吳淑慧華語教學網」上網日期：2016.10.12 網址：http://zorawsh.myweb.hinet.net/page/information_3_9.htm

〔註28〕朱國珍著：〈夜夜要喝長島冰茶的女人〉，頁 19。

三、舞廳的狂歡

「舞廳」係指以跳舞為主的娛樂場所，在封閉的娛樂空間中，五光十色的燈光搭配最新的快節奏舞曲，每一個人都可在此盡情表現自己。臺北的舞廳早期稱為夜總會，是屬於附屬在飯店之下的產物，其歷史可以追溯到三○年代的上海殖民時期。當時的夜總會是外國人與富商的娛樂場所，在這個娛樂空間中，會提供飲宴，同時以會設置舞池供顧客跳舞。早期的夜總會裡有歌星駐唱表演，還有舞小姐陪吃飯及跳舞。紅牌的歌星與舞小姐往往是夜總會的搖錢樹。白先勇的〈金大班的最後一夜〉即寫下六○年代臺灣的夜總會繁盛之況：

> 當臺北市的鬧區西門町一帶華燈四起的時分，夜巴黎舞廳的樓梯上
> 便響起了一陣雜沓的高跟鞋聲，由金大班領隊，身後跟著十來個打
> 扮得衣著入時的舞孃，綽綽約約地登上了舞廳的二樓來。〔註29〕

西門町的「夜巴黎」就是傳統的夜總會式舞廳，金大班更曾是上海時期「百樂門」的紅牌舞小姐。「百樂門」全稱為「百樂門大飯店舞廳」位於上海租界的精華區，是當時全上海最高檔的舞廳，每到夜晚政商雲集，無數的社會名流聚會於此，更有「東方第一樂府」的美譽。金大班如今從舞小姐變成了領班，但仍將上海「百樂門」的文化帶了過來。在她的調教之下，身後的舞小姐個個都有讓人傾心的魅力。

八、九○年代的夜總會舞廳保留了先前華麗設施的氣派，在林燿德的〈大東區〉裡這樣記錄著：

> 足球場大小的舞池，七彩的透明壓克力板科幻般的空間，底下的燈
> 光激放出萬花筒般的幻象；雷射光在幽闇的大廳四壁掃瞄出繽紛的
> 圖形，機車、太空母艦，豹、獅、獨角獸、天狗、希特勒，形形色
> 色的光影交疊、轉形，以秒為單位變異位置和體積。一切不可能聯
> 想在一起的事物，抽象與具象，被雷射激光的構圖規則聯繫在一起。
> 〔註30〕

夜總會舞廳通常隸屬於大型飯店之中，空間不小，甚至有的如足球場般的遼闊。舞池在娛樂空間的中央，四周還有五光十色的雷射光照映在「七彩的透明壓克力板」上，閃爍著萬花筒般的奇幻。「形形色色的光影交疊、轉形」讓

〔註29〕 白先勇著：〈金大班的最後一夜〉，《臺北人》，頁 123。
〔註30〕 林燿德著：〈大東區〉，頁 104。

整個舞池空間既炫彩又迷幻。八、九○年代的夜總會舞廳保留氣派的空間設施，但也改變了經營模式。主要的客群由上流社會的階層轉變爲時下的青年學子。因此少了歌星的駐唱與舞小姐的陪伴，多了是青少年熱愛的「迪斯可」舞蹈。「迪斯可」是七○年代在美國所興起的一種流行熱門舞蹈，其舞蹈沒有固定的舞步，配合強烈節奏的舞曲自由奔放。因爲舞步不拘一格，簡單易學，加上舞曲動感甚至結合當代流行明星如麥可傑克森（Michael J Jackson，1958～2009）的流行歌曲，引起共鳴而大受歡迎。所以在音樂的奔放下，每個人都爲之瘋狂：

> 重金屬樂器強烈的節拍震動著寬大的舞池，以及青春的舞者們，他們的舞姿在明滅的燈光中，像是一幕幕時斷時續的停格，不連貫的肢體和吶喊，一寸寸被光的暴力切碎。一切聲音，一切形體，一切光影，都在分離、剝落，都在節拍的秩序中喪失秩序。〔註31〕

強烈的節拍在重金屬樂器中敲打著，震撼了整個舞池空間。青少年們的肢體雖著節奏搖擺，在閃爍的舞池燈光中「像是一幕幕時斷時續的停格」畫面。聲音、形體與光影都在畫面中被分離，乍看之下就像青少年的狂熱也失了序。八、九○年代的夜總會舞廳已是屬於青少年的空間：

> 從空間的邊緣凝聚又反覆折射的聲波交織成密密的羅網，雷射唱盤中的重金屬合唱團，嘶吼的主唱，銳屬的高音一刀刀斬開電吉他和爵士鼓的音域。吧臺上的女孩們低頭吮飲料的杯緣，或搭肩咯咯淫笑，舞池上的男女呴呴地將汗珠顆顆甩出濕黏的頭髮。每一個人的心靈都在宗教般的狂熱氣氛中流失了一些不知名的事物，也不斷在節奏的震盪間翻湧出莫名的情緒。〔註32〕

重金屬合唱團、電吉他和爵士鼓都是青少年們最熟悉的流行娛樂。他們在此約會「吧臺上的女孩們低頭吮飲料的杯緣，或搭肩咯咯淫笑」，喝完了飲料走進去這空間裡開始跳舞。「舞池上的男女呴呴地將汗珠顆顆甩出濕黏的頭髮」，每一個人盡情的搖擺，舞動身軀汗水四溢。是宣洩、是抒壓，在狂熱的氣氛之下每一個人的情緒在舞廳空間裡被莫名的翻騰。

　　「迪斯可」舞廳一開始是播放音樂錄音帶，依據錄音帶的音樂內容順序播放。但隨著舞廳之間的競爭，爲了做出市場的區隔而有「DJ」（Disc Jockey）

〔註31〕 林燿德著：〈大東區〉，頁 104。
〔註32〕 同前註，頁 104～105。

的產生，也成爲今日「夜店」文化的前身。「DJ」又稱「唱片騎師」，在舞廳
的音樂吧臺上，將現場的音樂做混搭，營造出不同的音樂風格。「DJ」也可以
擔任現場主持的工作也帶動現場氣氛。知名的音樂「DJ」更可以藉由音樂的
混搭，創造出自我的音樂風格而引起樂迷的喜愛與跟隨，成爲新的舞廳文化
的靈魂人物。朱天心的〈十日談〉裡就寫下女主角黃書婷到有「DJ」的舞廳
裡去放鬆自己：

> 決定聽完晚上晴光公園那場黃信祥，無論如何就近找家地下舞廳跳它
> 一整晚，那裡雖然是誰也不認識誰，卻都是她完全熟悉的。好比其中
> 有一家的 DJ 很可愛，每次放 Everytime you go away 那首時，中間他
> 會把音樂暫停，然後全場開心的眾口一致接唱那句主旋律 Everytime
> you go away，那個時候，黃書婷最喜歡那個時候……〔註33〕

聽完「晴光公園」裡的那場反對運動演講後，黃書婷興奮的決定無論如何都
要去舞廳裡跳它一晚。當晚舞廳裡的人黃書婷雖然都不認識，但「DJ」所撥
放的歌曲，她卻如此熟悉。不同的「DJ」有不同的風格營造，黃書婷特別喜
歡其中一家的「DJ」可愛特色。每當音樂播起英國流行歌手保羅楊（Paul
Young，1956～）的經典抒情歌曲「Everytime you go away」時，傷感的歌詞
配上朗朗上口的旋律，幾乎人人會唱上幾句。當副歌的主旋律來臨時，這位
「DJ」會暫停歌曲的音樂讓所有人眾口一致的接唱，將現場氣氛拉到沸騰的
高點。

第四節　休閒空間

　　適當的休閒娛樂不但有益身心健康，更可讓疲憊的身心靈得到充分的休
息。除了在室內的娛樂空間狂歡，戶外的休閒空間也是城市人重要的活動地
點。城市的戶外休閒，仍以城市區域內及近郊空間活動爲主。大城市裡均有
不少的公共空間供市民休閒享用，這些公共空間甚至成爲城市的知名觀光景
點。八、九○年代臺北市內最知名的公共休閒空間，當以「國父紀念館」及
「中正紀念堂」爲最具代表。此外臺北城市旁的青山以陽明山最爲知名，淡
水河更被稱爲臺北的母親之河，本節城市戶外的休閒空間討論中，將以國父
紀念館、中正紀念堂、陽明山及淡水河爲代表分別討論。

〔註33〕 朱天心著：〈十日談〉，《我記得……》，頁 70。

一、國父紀念館

　　「國父紀念館」位於臺北東區的信義計畫區內，日治時期即規劃為大型都會公園預定地。國民政府遷臺後，為了紀念中華民國國父孫中山（1866～1925）先生百年誕辰，1964 年開始籌劃並興建綜合性的人文藝術紀念建築，至1972 年完工落成。「國父紀念館」為知名建築師王大閎所設計。王大閎（1917～）擅長在建築設計中融入傳統的人文思維，並帶有文化藝術特徵，而「國父紀念館」是其最耳熟能詳的代表作。「國父紀念館」主體採中國古典的唐朝建築風格，並融入現代元素於其中。高三十公尺，長寬各一百公尺，為一正方體建築。每邊各有十四根巨大灰色圓柱所撐起的挑高柱廊，屋頂採取傳統宮廷式黃色飛簷造型，卻捨去傳統的瓦頂改採現代式的釉面設計。整個紀念館保留濃厚的中國古典意象，傳承中華文化精神。卻又融入現代西方藝術，既前衛又復古，呈現出中西合併的當代建築美學。該場域主館「國父紀念館」內有「中山藝廊」，還有一個可容納兩千五百人的大會堂，是當時臺北最大室內集會場所。除了主館外，其他還有「孫逸仙博士圖書館」、「中山公園」、翠湖、「中山碑林」、廣場噴泉等不同特色建築物，共計三萬五千坪之廣。八、九〇年代「國父紀念館」除了紀念價值的意義之外，同時更兼具觀光功能。寬闊的廣場是市民休閒運動之處，常有大型的集會或活動在此舉辦，而藝文展演，如藝術展覽、劇團表演、音樂演奏等活動頻繁。在高樓密集的都會叢林裡，「國父紀念館」為臺北市民不止提供了假日休閒的好去處，更是市民心靈解放的生活空間。

　　「國父紀念館」座落在臺北最精華的地段，它的建築同時也是東區信義計畫區由無到有的最佳見證。城市小說家黃凡的小說〈命運之竹〉中就寫下國父紀念館一帶的地價暴漲的情形：

> 　　民國五一年開始，這塊水田每隔三、四年地價便上漲一倍。等到紀念館落成那一年，它的身價已達到六億元。與此同時，我母親經營的雜貨店漸走下坡，我父親則適時生了一場大病，病癒後勉強回工地，但體力已大不如前。紀念館落成的上午，我母親看著報紙，一面取出算盤估算那塊地的價值，「本來是我的，」她喃喃自語著，「每坪二十萬元，總值六億元。」每有顧客上門，母親便告訴他，地價又漲了。〔註34〕

〔註34〕黃凡著：〈命運之竹〉，《曼娜舞蹈教室》，頁 124。

信義計畫區未開始之前，東區還是稻田一片，西區仍是主要的經濟活動中心。但資訊敏銳的商人，耳聞東區的擴張計畫與國父紀念館的興建事宜後開始炒作地皮。1965 年隨著國父紀念館動土典禮完開始後興建，四周的土地更是狂飆。原本要購買的水田地「等到紀念館落成那一年，它的身價已達到六億元。」梁媽媽看著報紙，盤算著原本要購買的土地喃喃自語「本來是我的」，甚至「每有顧客上門，母親便告訴他，地價又漲了」。東區的高速發展，連帶促使該空間價值的巨幅爬升，短短數十年地價不可同日而語。滄海桑田的感歎，讓梁媽媽因當初自己失策的誤判而與財富擦身而過懊悔不語。加之雜貨店生意的沒落與梁爸爸在工地從鷹架上「那根竹子突然斷裂」〔註35〕而落下，多重打擊之下「從那一天開始，我母親便再也沒有踏出家門一步」〔註36〕。精神恍惚且錯亂的梁媽媽，在梁先生的安排下住進了療養院。但每次主角前往探望時，梁媽媽總是關注的那塊土地的漲跌，並總是重複著「未來是有錢人的天下！」〔註37〕。在這篇小說中「那根探不到底的竹子彷彿是一個隱喻，隱喻舊時代的判斷標的已經不具任何作用」〔註38〕，金儒農指出從水田的竹子探底，到鷹架上竹子的破裂，象徵舊時代經驗法則的淘汰。而梁媽媽當初以舊時代的思維拿竹子探底的方式，勢必將被新時代所淘汰。「國父紀念館」的落成象徵著東區新勢力的崛起——新世代、新觀念取代了舊的經驗法則，對照想晉升有錢階級的梁媽媽常掛在嘴邊的那句「未來是有錢人的天下！」格外諷刺。

「國父紀念館」附近的昂貴地價，非一般市井小民所能購買。但「國父紀念館」裡面的藝文活動，倒是每個市民都能享受。蘇偉貞小說〈陪他一段〉中的女主角費敏，就時常前往國父紀念館欣賞各種藝文展演：

> 國父紀念館經常有文藝活動，費敏有時候去，有時候不去，她常想把他找去一起欣賞，鬆鬆他太緊的弦，但是，他們從來沒有機會。
> 那天，她去了，是名聲樂家在為中國民歌請命的發表會，票早早賣完了，門口擠滿沒票又想進場的人群。費敏站在門口，體會這種「群眾的憤怒」別有心境。〔註39〕

〔註35〕 同前註，頁 125。
〔註36〕 同前註，頁 125。
〔註37〕 同前註，頁 120。
〔註38〕 金儒農著：《九○年代臺灣都市小說中的空間敘事》（嘉義：國立中正大學臺灣文學研究所碩士論文，2008），頁 32。
〔註39〕 蘇偉貞著：《陪他一段》（臺北：洪範書店，1983），頁 21。

「國父紀念館」裡有「中山藝廊」，各種靜態的展演如繪畫、書法、雕刻等，皆會在此展出。可容納兩千五百為觀眾的大會堂是各種動態的展演，如舞蹈、音樂、演講等。每天忙碌的城市人，利用工作之暇前往欣賞藝文活動，一方面排解煩憂，另一方面藝文活動還可以調劑身心。女主角費敏正是如此，這天的「國父紀念館」的展演是知名聲樂家的發表會。「國父紀念館」為臺北最具知名的演藝場所，站在這個一度是全臺最大舞臺的大會堂上，更是許多知名藝術家們夢寐以求的渴望，也因此能排列進入「國父紀念館」參展的作品或演出的藝術家均是知名且優秀，也因此現場常常是一票難求。所以女主角費敏在這場票以早早賣完的名聲樂家發表會中，只能站在門口與其他沒票又想進場的人群並列其中。

　　「國父紀念館」為知名藝術家提創造良好且舒適的展場環境，同時也吸引著更多的臺北市民前往赴會一場場文化的饗宴。李昂的〈甜美生活〉則寫下女主角與 G.L 君，假日一起看電影、一起去酒吧喝啤酒聽熱門音樂。當「國父紀念館」有展演時，他們會挑有興趣的活動參觀，一起聆聽優雅的音樂演奏。演奏會結束兩人還可在外面的綠地公園好好約會一番。李昂是以第一人稱刻寫下女主角與 G.L 君這對城市戀人：兩人有相當的學歷、共同的成長背景，良好的嗜好與興趣，還有共通的政治、經濟、社會等的話題，在此發展出甜蜜愛情，而「國父紀念館」成為了約會的聖地。於是，「國父紀念館」由懷念偉人的紀念性建築，到藝文展演的生活品味調劑中心，再加上綠地公園的約會場域地提供，這些進入了小說故事與散文書寫，使得「國父紀念館」出現了多元的功能，成為臺北城市裡不可或缺的重要角色。

二、中正紀念堂

　　「中正紀念堂」位於臺北西區，在今中山南路上，昔日的三線道西線道旁。日治時期原為臺灣軍山砲隊與步兵第一連隊的基地。國民政府接收後仍以軍事用途為主，是國軍陸軍總司令部、憲兵司令部以及聯勤總部的所在地。1975 年總統蔣中正過世，隔年行政院選定該處建立一大型紀念性建築廣場以表示緬懷。「中正紀念堂」以三棟中國古典宮殿式建築所組成，佔地二十五萬平方公尺。主建築佔地有一萬五千平方公尺，其融合大陸南京的國父墳陵中山陵元素於其中。建築高七十六公尺並與中山陵一樣採方形體設計。屋頂一樣採藍色琉璃瓦設計，但效法北京天壇的圓形錐體造型的變形，為八角攢尖

飛簷造型。正方四面建築上有八角攢尖頂屋簷，具有中華文化裡四維八德的象徵。紀念堂兩邊有國家兩廳院的「國家音樂廳」及「國家戲劇院」，亦為臺北重要的藝文展演中心。兩院左右對映，皆採中國傳統明清殿堂式建築造型，方形體的建築四周為紅圓柱的柱廊羅列。「國家音樂廳」採「歇山」〔註40〕式屋頂，而「國家戲劇院」則採「廡殿頂」〔註41〕式的屋頂設計。兩院均為白牆、紅柱、黃色琉璃瓦屋簷，傳統式的宮殿建築，更顯富麗堂皇。全區除了三大建築，還包括紀念公園、牌樓、瞻仰大道、中央藝文廣場、園區環外迴廊及中式庭園等，為一綜合性的紀念園區。

　　「中正紀念堂」佔地龐大，駱以軍的〈中正紀念堂〉裡敘述孩提時期的「我」在裡面迷了路，可說是官方體制裡私密化的記憶敘事：

　　　　後來我在那座巨大無邊的空地裡哭了起來。我真的真的完全沒辦法
　　　　走出去了，在那一整片溝壑起伏，陣形難窺其秘的空闊曠野（我真
　　　　的覺得自己被困在一個離那座城市好遠好遠的郊外）的中央，是一
　　　　座搭蓋到一半，鋼樑裸露，巨石塊堆疊而上的，像太空基地一樣怪
　　　　異、高聳的巨大建集。

　　　　許多年後我才知道：那天傍晚到深夜，我困在其內四、五個小時找不
　　　　到路出來的「巨人的工地」，是當時仍在興建中的中正紀念堂。〔註42〕

〈中正紀念堂〉中的主角「我」回憶國中時期，在一次搭車從中和到臺北車站幫母親取回新眼鏡時，因想省錢改搭陌生路線的公車卻闖進了當時仍在施工的「中正紀念堂」。一開始充滿野趣的男孩來到彷彿是外星戰場、巨人迷宮的場域，開心的四處遊走冒險。但遊走了四、五個小時仍闖不出這個迷宮讓還是孩提的「我」開始惶恐，甚至害怕的哭起來。作家在故事中鋪陳了孩提時期迷路的驚恐，長大後發現那竟是「中正紀念堂」的工地。這樣的戲謔效

〔註40〕歇山頂是取硬山或懸山的山尖部分，下面再向四週伸出屋檐，成四面坡形式。見「中國建築藝術：官式建築」上網日期：2015.8.20　網址：http://hk.chiculture.net/0514/html/0514c07/0514c07.html
〔註41〕屋頂四面均向下斜，而四面屋檐也伸出牆外。除正脊以外，還有四條垂脊，故又稱「五脊殿」。有一層的屋檐為單檐，有兩層的屋檐為重檐。各種屋頂形式以廡殿頂最為尊貴。而「重檐廡殿頂」只有在皇家建築及宗教建築才可使用。見「中國建築藝術：官式建築」上網日期：2015.8.20　網址：http://hk.chiculture.net/0514/html/0514c07/0514c07.html
〔註42〕駱以軍著：〈中正紀念堂〉，《月球姓氏》（臺北：聯合文學出版社，1999），頁124～125。

果使讀者發笑外，也表露出「中正紀念堂」的建築觀。駱以軍擅長將國族的認同，省籍的迷思以戲謔的口吻從輕鬆的角度在小說中為著嚴肅的議題帶來了省思。尚未完成的「中正紀念堂」，如同曠野中一座巨石堆疊的莫名建築物，正是政治中心的象徵。故事裡產生了外星人的想像，是一篇具有「外來者」影射的國族寓言。而故事中那段找不道路的回家情節，與和當年渡海來臺，以為一定有辦法找到回去之路的父輩遭遇影像相疊。故事中「弄錯地圖」的迷途與現實中因為政治的阻隔、歷史的偶遇，這想像的地圖與現實的地圖彼此交錯下，「迷路」、「消失」、「錯置」，「中正紀念堂」成了作家心中國族的象徵建築。

　　1980 年，「中正紀念堂」的落成，宏偉氣派的建築風貌，旋即成為臺北城市極具代表性的地標建築。兩廳院常演各種的藝文展演，中央廣場中每逢節日，也常有各種大型的活動。林燿德的〈氫氧化鋁〉中就寫下兼職保險業務員的畫家男主角「我」與女友 D 一起約會。前往中正紀念堂觀看煙火施放的市民極多〔註 43〕「廣闊的臺階上坐滿了等待煙火的群眾，我們在六點三十五分的時刻，找到空隙坐下。地點在中段，眼下的斜坡被整整齊齊的人頭鋪滿，身後也是。」大樓密集的臺北市區，能找到一個可以施放高空煙火的廣場不多。擁有萬坪廣場的「中正紀念堂」，從八〇年代落成起用，又座落在市中心，交通方便、人潮密集，是許多大型活動的首選之地。畫家情侶檔就像一般市民一般，歡樂的一同參加城市的慶典。在煙火施放前兩人卡位，臺階式的中正紀念堂，正是欣賞煙火施放的最佳位置。整個廣場滿滿都是人，因此只能「找到空隙坐下」。人山人海的廣場裡「眼下的斜坡被整整齊齊的人頭鋪滿，身後也是」。〈氫氧化鋁〉敘述女攝影師 D 為了想舉辦一個以「死亡」為主題的攝影展，因此誘使兼職保險業務員的畫家男主角一步步走向自殺之路。從假死到真死，城市間的人情冷漠油然而生，方婉禎指出該小說「表達了人的主體感喪失的零散化傾向」。〔註 44〕寂寞的城市人，在繁榮的城市裡喪失了自我，愛情變成了合約，感情只是圖具形式。看似人潮的聚集熱鬧，參與城市慶典，或許只是城市人寂寞消遣的方式。

　　「中正紀念堂」的慶典活動向來是市民假日休閒的好去處，偌大廣場的

〔註43〕林燿德著：〈氫氧化鋁〉，《惡地形》（臺北：希代書版公司，1988），頁 88。
〔註44〕方婉禎著：《從城鄉到都市——八〇年代臺灣小說與都市論述》（臺北：淡江大學中國文學系碩士論文，2001），頁 147。

四周，也是叛逆青年們，開車兜風玩樂場所。〈世紀末的華麗〉中女主角米亞與男性友人在此開車兜風：

> 去找袁氏兄弟。袁爸爸開一家鋼琴吧，設在大樓地下室，規定不准立招牌，他們便雇一輛小卡車佈置爲招牌每晚停到樓前面。釘滿霓管的看板，銀紅底奔放射出三圍流金字，謎中謎。大袁袁運服兵役去，小袁見她來，興奮教她一種玩法，將接進大樓的霓管電源切掉插上自備電瓶，叫她上車，兜風。駕著火樹銀花風馳過高架路，繞經東門府前大道中正紀念堂回來。〔註45〕

身爲模特兒的米亞，充滿城市裡的野性特質，愛玩、愛繁華的她，是朋友群裡的女王蜂。大家唯她是從，甚至爲她瘋狂，只要能讓她開心，什麼鬼主意都想得出。再一次找袁氏兄弟玩樂的過程中，哥哥大袁當兵，僅剩弟弟小袁。小袁見到米亞的到來特地討好她歡心，把父親開的鋼琴吧宣傳小貨車開出兜風。小貨車上是「釘滿霓管的看板」小袁自備電瓶，駕駛的車「火樹銀花風馳過高架路，繞經東門府前大道中正紀念堂回來。」廣場前的空曠搭上霓管看板的火樹銀花，遠遠看去光芒萬丈，中正紀念堂變成了她走秀的舞臺，兩相結合，恰似襯托女王蜂米亞的亮麗，五彩繽紛。

三、陽明山

臺北是一盆地地形，四面環山，抬頭躍過建築的頂端，可以看見大囤火山群矗立一旁；百年前盆地中央是水鄉澤國，如今湖水流逝，成爲淡水河、基隆河劃過其中。這些市郊綠地，成爲臺北人遊憩的好去處。舒國治（1952～）寫到：

> 若陽明山賞花有舉家團圓喜象、仙宮廟多婆子信士香燭氣、北投多鶯燕粉味，則碧潭時少年浮遊閒蕩調調。最最令六、七十年代漫無跟腳臺北孩子今日憶來仍是不堪忘情的寶愛角落也。〔註46〕

圍繞城市旁的陽明山、北投、碧潭不只是臺北人遊憩的去處，伴隨城市的成長，這些自然空間更留下城市人兒時美好、珍貴的回憶。陽明山位於大屯火山群的山腳下，因爲交通方便，成爲臺北的後花園。陽明山原名草山，因鄰

〔註45〕朱天文著：〈世紀末的華麗〉，《花憶前身》，頁214。
〔註46〕舒國治著：〈北郊遊蹤1991〉，《水城臺北》（臺北：皇冠文化出版公司，2012），頁178。

近臺北盆地，早年許多先民入山開墾。隨著人口日增，樹林大量被砍伐。加之清領時期，清廷政府擔憂賊寇藏匿林中並竊取硫磺，一段時間就會放火燒山。沒有樹林的植栽，芒草因而迅數生長。導致後來放眼望去儘是滿山遍野的芒草，而有草山之名。日治時期臺北開始邁入現代化，政府開始開發草山的觀光建設。1927 年，《臺灣日日新報》舉辦「臺灣八景十二勝」的票選活動，草山獲選為臺灣十二勝之強。草山的地理環境與日本東京的「箱根」相似，皆是大城市市郊的著名觀光景點，故當時日本人又稱草山為「臺灣的箱根」。林琨輝的《命運難違》就寫下主人翁在當時還稱為草山的陽明山上約會、泡湯的情況。國民政府遷臺後，1950 年總統蔣中正為紀念明代心學大儒王陽明（1472～1529），並以中華復興基地自居而將草山改名為陽明山。在五○年代的政治嚴肅氛圍時期，即使是陽明山這自然空間，在艾雯（1923～2009）筆下的〈臺北來去〉裡也同樣被形塑為「國家最重要的政治工具」〔註47〕。

　　從日治時期至國民政府時期，陽明山因交通便捷風景美麗，皆是行政官員休憩的重要場所。山上的行館與別墅林立。1985 年「陽明山國家公園」正式成立，陽明山更是市民假日的休憩之所。八○、九○年代臺北城市「生活空間」的書寫中，更可看見城市旁的青山成為文本的重要場景。蕭颯小說〈葉落〉〔註48〕裡的主人翁葉培芳時常至陽明山上的精緻小屋過夜，享受在城郊夜景下與情人約會的美好。朱天文的〈世紀末的華麗〉也寫出時下青年至陽明山夜遊的嬉戲模樣：

> 她像貴重乳香把她的男生朋友們黏聚在一起。總是她興沖沖號召，大家都來了。楊格，阿舜跟老婆，歐，螞蟻，小凱，袁氏兄弟。有時是午夜跳得正瘋，有時是椰如打烊了已付過帳只剩他們一桌在等，人到齊就開拔。小凱一部，歐一部，車開上陽明山。先到三岔口那家 7-ELEVEN 購足吃食，入山。山半腰箭竹林子裡，他們並排倒臥，傳五加皮仰天喝，點燃大麻像一隻魗魗紅螢遮飛著呼。呼過放弛躺下，等。眼皮漸漸變重闔上時。不再聽見濁沉呼吸，四周轟然抽去聲音無限遠拓蕩開。靜謐太空中，風吹竹葉如鼓風箱自極際彼端噴出霧，凝為沙，卷成浪，乾而細而涼，遠遠遠遠來到跟前拂

〔註47〕艾雯著：〈臺北來去〉，《漁港書簡》（臺北：水芙蓉出版社，1983 年），頁 89～95。

〔註48〕蕭颯著：〈落葉〉，《日光夜景》（臺北：聯經出版公司，1987）

蓋之後嘩刷褪盡。裸寒眞空，突然噪起一天的鳥叫，乳香彌漫，鳥
聲如珠雨落下，覆滿全身。我們跟大自然在做愛，米亞悲哀歎息。
〔註49〕

〈世紀末的華麗〉裡的米亞，是這群年輕人們的「女王蜂」，「她像貴重乳香
把她的男生朋友們黏聚在一起」。只要米亞一號召，所有男性友人都會一起響
應。他們會三更半夜開車上陽明山夜遊，在半山腰上的竹子林中並排倒臥。
一群人狂歡一起喝酒、吸大麻。累了、睡了，一群人倒臥在陽明山，仰望天
空「靜謐太空中，風吹竹葉如鼓風箱自極際彼端噴出霧，凝爲沙，卷成浪，
乾而細而涼，遠遠遠遠來到跟前拂蓋之後嘩刷褪盡。」當天亮起「鳥聲如珠
雨落下，覆滿全身」，大自然的清優美好，與時尚女王米亞忙碌繁華的模特兒
工作形成了強烈的反差。

　　陽明山還有另一項知名的特色——溫泉。清康熙三十六年（1697）郁永
河（1645～？）至臺北的北投一帶開採硫磺，並將在臺所見所聞寫成著名的
《裨海紀遊》一書，其中即記錄了陽明山一帶地熱以致下層的地下水水溫升
高，而有溫泉的產生。清光緒二十年（1894），德國硫磺商人首度在陽明山下
的北投，利用天然環境之便開設「溫泉俱樂部」。1895 年「馬關條約」生效，
臺灣正式割讓日本，由於日本十分重視「泡湯」的溫泉文化，年底日本官員
陸續訪查。1986 年日本商人進駐北投開發，開啓北投的「泡湯」文化，從此
北投成爲了「溫泉鄉」的代名詞。朱天文的〈世紀末的華麗〉寫下女主角米
亞一群人，自陽明山上開車而下，來到山下的北投泡湯：

下山洗溫泉，車燈沖射裡一路明霧飛花天就亮了。熬整夜不能見陽
光，戴上墨鏡，一律復古式小圓鏡片，他們自稱是吸血鬼，群鬼泡
過澡躺在大石上睡覺。硫黃煙從溪谷底滾升上來，墨鏡裡太陽是一
塊金屬餅。米亞把錄音帶帶子拉出，迎風咻咻咻向太陽蛇飛去，她
牢牢盯住帶子，褐色帶子便成了一道箭軌帶她穿過沌黃穹蒼直射達
金屬餅上。她感覺一人站在那裡，俯瞰眾主，茫乾坤，鼎鼎百年景。
〔註50〕

熬夜的每個人，面容憔悴，都戴上了「復古式小圓鏡片」的墨鏡以遮瑕。因
不敢見光的他們自稱爲吸血鬼，一群人躺在溫泉旁的大石頭上休息睡覺，溫

〔註49〕 朱天文著：〈世紀末的華麗〉，《花憶前身》，頁 205～216。
〔註50〕 朱天文著：〈世紀末的華麗〉，《花憶前身》，頁 207。

泉的硫黃煙從溪底冒出。淘氣的米亞看著大家，索性將錄音帶的帶子拉出，讓黑色的帶子迎風飛去，飛向太陽，並落在每一個人墨鏡之中。作家寫下了每一位在陽明山下泡湯美好舒適的一面，距離臺北市中心僅十來公里的陽明山，山上有美好勝景可以踏青，山下則有野溪溫泉可以泡湯。群山萬壑的自然之美、溫泉的魅力，難怪陽明山向來是臺北市民戶外休閒於空間的首選之地。

四、淡水河

臺北早年有「水城」之稱，淡水河、基隆河貫穿臺北盆地的中央。早期先民們的開墾沿河畔而居，因此淡水河上游的艋舺（今萬華）成為北臺灣最早最繁華的城鎮。臺北的繁華始於艋舺，而孕育這熱鬧城鎮的淡水河則被林文義（1953～）稱為「母親的河」。蔣勳（1947～）說道：

> 我不能想像，如果沒有淡水河，臺北還可能是臺北嗎？只有在這樣的高度，才知道一條河流如何哺育了這個城市。用它的曲折，用它的委婉，用它不斷延展的身體，給田畝、給溝渠、給船舶、給牲畜和花草、給一切卑微與不卑微的，給一切願意活著，而死去亦無遺憾的生命。〔註51〕

淡水河劃過臺北的核心，整個城市的發展以淡水河為核心擴張到整個臺北盆地。人們隨著河流而居並展開一連串的建設與生活，河流哺育了這座城市的成長與茁壯。在水城臺北的七○年代，鍾文音於《在河左岸》寫到：

> 水貫穿著大城小鎮，這是個有些水道和川溝還沒有加蓋的年代，婦人還會到河邊洗衣，小孩常常一個不小心就跌倒在小溝裡……淡水河漫濾上岸，聰明的人家便在河岸沙地種些蔬果，河水把沙田和小路分隔成二，河水流到我們家的田地這一頭時其實就只剩下一條水溝般。……〔註52〕

七○年代的臺北，仍有傳統農村的生活影子。溝渠還尚未被蓋覆，河流四處流竄。婦人們還習慣提著衣籃到河岸邊洗衣，淡水河畔的沙地旁還有人種起了蔬果與田地。鍾文音的《在河左岸》以第一人稱寫下女主角黃永貞自小由

〔註51〕蔣勳著：〈淡水河隨想〉，《萍水相逢：蔣勳的第一本散文集》（臺北：爾雅出版社，1985），頁116。
〔註52〕鍾文音著：《在河左岸》（臺北：大田出版社，2003），頁224。

嘉義鄉下家族遷移到臺北的生活回憶錄，是一部極具半自傳性質的小說，更是鍾文音自己對臺灣的原鄉情懷內心的投射。〔註 53〕《在河左岸》故事敘述兒提時代的女主角黃永貞，受到家族親友們的影響而對臺北大城市有所憧憬。在父親北上一段時日後，母親也帶著她與其他孩子一起北上逐夢。但面對昂貴的臺北市居住空間，黃永貞一家人只能居在淡水河的左岸——三重埔。一河之隔卻是天壤之別，右岸的臺北市是高樓林立、道路直挺，是富貴的象徵；左岸雜亂無章，鐵皮平房遍佈、小巷蜿蜒其中，被稱爲窮人的住所。黃永貞一家人和其他的「下港」人民一樣，沒有一技之長、沒有財富，帶著僅剩的家當北上逐夢。爲了生活黃永貞一家人甚至只能窩居在俗稱「豆乾厝」的妓女戶附近。生活環境的低落、沉重的家計、宿疾與教養問題，甚至還有父親的出軌。在這樣的環境下黃永貞的生命基調是孤寂的，其所看見的事物也是如此。伴隨淡水河畔而居，所有的生離死別的故事與場景發生在此。永貞的祖母一度是家族的經濟支柱，但她的強勢造成了家族的人心的疲憊，最後祖母的死亡不但成就了家族的愉悅，更促成了離家的父親回來奔喪，由死亡帶出重聚的結局。整本小說是個家族史的書寫，也是部臺北奮鬥史，內容伴隨死亡的氣息從人到河，基調是灰暗而鬼魅，無怪乎王德威（1954～）稱《在河左岸》爲「世紀末幽靈出動的時刻」，其書寫特色更是「世紀末的症候、憧憬及跨越的方式」〔註 54〕

　　鍾文音自言《在河左岸》是對臺灣的原鄉情懷內心的投射，也因此與其說是一部家族的移民輓歌，更不如說是「下港」人北上逐夢並以淡水河爲中心的「集體記憶」。張琬貽指出：「鍾文音的『河流』不但連結了死亡的意象，更強調河水不僅指淡水河，也代表了記憶之河，體內之河，歷史的長河。」〔註 55〕在那個每個人都想渴望「臺北夢」而衣錦榮歸的年代，無法進入城內的「下港」人，在左岸暫留等待機會。有人由希望而出走，因此永貞的父親選擇拋

〔註 53〕鍾文音在後記中說明，「散文未必實，小說未必虛……這篇小說，實則並不能視爲吾之家族史紀事，只能再次說明我對於這塊島嶼原鄉情懷的投射，透由身世的虛實共織，勾勒我對於人世浮游的喟嘆。」見鍾文音著：《在河左岸》，頁 293。

〔註 54〕王德威著：〈跨世紀，小說臺北〉收錄於王德威編：《微雨魂魄——三城記小說第二輯·臺北卷》書寫的序言（上海：上海文藝出版社，2003），頁 2。

〔註 55〕張琬貽著：〈流動的家園，幽魅的城市——試析鍾文音《在河左岸》的家族史書寫及空間建構〉，「疆界／將屆：2004 年文化研究學生學術研討會」，（新竹：交通大學社會與文化研究所，2004.12），頁 3。

家棄子，去追尋屬於自己的感情；有人轉而迷茫，所以永貞強悍性格的母親站在淡水河畔時恍恍惚惚，進而歇斯底里地的情緒潰堤；有人轉而絕望，妓女菊菊帶著幼女跳河自殺，永貞的二舅也因負高築難以償還而跳河輕身。最後因病去世的永貞父親與姐姐頌貞，將骨灰灑落在淡水河之中，讓河水帶走最後命的一切。這條母親之河孕育的每一個伴隨她而來的人，最後也都將伴隨她而去。也就這樣的等待而落地生根，從此異鄉成了故鄉，「下港」人終將成爲了臺北人的一份子。

　　七○年代經濟建設蓬勃而環保意識未起，大量的工業污水排放，淡水河污染嚴重。《在河左岸》裡的黃永貞看見淡水河畔的景像是：

> 繁華高樓的地底下不僅是白骨成泥，一條安靜的淡水河卻和長江一樣行之如入生死關，河川底下各類軀體也將滿堆成患。當臺灣是個大墳場時，人們行其上，將是什麼形象？如七月流火，似午夜幽靈。
> 〔註56〕

工廠廢水四處流竄，家庭污水恣意排放，大量含氮、磷等化學物質流入淡水河。水中的藻類、微生物則因氮、磷等化學物質提供了充分的養分而快速繁殖。過程中耗盡水的氧氣，以致河裡的造魚、蝦、貝類缺氧而大量死亡。水質也因「河川底下各類軀體也將滿堆成患」腐屍過多而變質發臭，這樣「優養化」的現象加上河床的垃圾四處傾倒，整條淡水河有如一條死河，看著一條條的浮屍流過眼前與臭氣沖天的景象。淡水河成爲了黃永貞眼中的「七月流火，似午夜幽靈」，成爲了鍾文音「彷彿薄薄的河水罩上了一層裹屍布」〔註57〕。八○年代淡水河雖然開始整治，但龐大的污染非一朝一夕可以解決，黃凡的〈小說實驗〉中，主角作家住在士林劍潭一帶時，仍自言「我住在劍潭一間租來的公寓裡，面對著油汙汙的淡水河，風向不對的時候，淡淡的臭味會飄進屋子裡。」〔註58〕雖然如此，這條「母親之河」依舊伴隨臺北城市人成長。《在河左岸》裡的黃永貞在左岸歷經了十年生活，依舊站在左岸眺望淡水河的對岸：

> 住過沿河堤岸的人，經常會看著遠方，看河水和光影變化。而從臺

〔註56〕鍾文音著：〈臺北上河圖殘景——淡水河的美麗與哀愁〉收錄於《在河左岸》，頁280。

〔註57〕同前註，頁274。

〔註58〕黃凡著：〈小說實驗〉，《黃凡小說精選集》，頁299。

北橋的堤岸所對望出去的不是遠方，不是夢想，而是看向一座城市。
倒洗澡水時看一眼，等人時看一眼，發呆時看一眼，有人呼喚時看
一眼。十年下來，對岸風景和對望的動作已是生活的一部分。城市
高矮相間如密林，經常掩印在晨霧裡，這種濕濛之感一直在我的內
心之河。殘渣灰燼飄進河裡，死屍氣味瀰漫在堤岸。〔註59〕

十年下來黃永貞早已習慣了左岸的生活，但「看河水和光影變化」卻也變成
了生活中一部份，「倒洗澡水時看一眼，等人時看一眼，發呆時看一眼，有人
呼喚時看一眼」住在左岸卻無時無刻不想彼岸。淡水河成為了一條無形而巨
大的屏障，矗立在每個想邁向城市繁華的每個「下港」人的心中。

小　結

　　「育」、「樂」是人類精神生活的抒發，從八、九○年代臺北「生活空間」
文學書寫中的「育」、「樂」文學可以看見這時期臺北城市人的內心狀態。首
先在「育」的部分分別為「養育空間」及「教育空間」的探討。臺北進入了
高度的城市化階段後，因為家庭環境的變化導致「養育空間」的失序，進而
演變出城市青少年犯罪的問題層出不窮。蕭颯的《少年阿辛》最後每一位角
色都是悲劇收場，正見八、九○年代的臺北「養育空間」失序下的城市青少
年犯罪縮影。而在圖書「教育空間」中，八、九○年代的城市人會像朱少麟
的《傷心咖啡店之歌》一樣熱愛買書並獨自享受在家裡的閱讀文藝世界不在
少數。當時代改變了，在黃凡的〈小說實驗〉中，可以看見城市書店的商業
娛樂化氣息濃厚，以各式的花招來招攬顧客目光。而在朱天心的〈袋鼠族物
語〉中，便利的圖書館裡成為知識教育的空間，描摹了城市孩童在耳濡目染
下，成為知識小百科的模樣。

　　在「樂」的部分則從室內的「娛樂空間」及戶外「休閒空間」分述討論。
室內的「娛樂空間」以夜生活最具特色，黃凡的〈東區連環泡〉及林燿德的
〈大東區〉分別述說精彩熱鬧的東區夜晚。柯裕棻的〈冰箱〉則寫下城市夜
貓子的形形色色。白先勇的《孽子》則著筆於同志族群，夜晚才是他們的世
界，在城市脈絡裡突顯了同志的特殊經歷。夜生活的場域又以酒吧與舞廳最
為狂歡，朱國珍的〈夜夜要喝長島冰茶的女人〉寫出酒吧裡尋歡作樂的城市

〔註59〕鐘文音著：《在河左岸》，頁232。

女人的寂寞與放縱；林燿德的〈大東區〉刻畫時下青年在舞廳裡瘋迷搖滾；而朱天心的〈十日談〉則述說了在 PUB 裡的喧嘩狂野。另外，在戶外的「休閒空間」中「國父紀念館」與「中正紀念堂」初為緬懷政治人物所建立的紀念場域，是具政治功能著稱的建築地標。而進入文學書寫中，多以其建築本身與其周圍的廣場結合，形成場所精神。前者活動舉如府外的廣場示威代表民主與威權的衝撞，仍具有明顯的國家政治屬性；後者例如館內欣賞藝文活動的文化意涵與館外園林綠地散步談心的休閒需求，已逐漸移動翻轉為庶民生活屬性；出現不同的意義。而城市旁的陽明山間兼具踏青與泡湯的功能，加上交通的便利性，所以〈世紀末的華麗〉裡米亞一群年輕人的登山夜遊，下山泡湯，已把陽明山視做臺北的後花園。而有「母親之河」的淡水河，透過鍾文音《在河左岸》裡黃永貞的對河凝視，呈現了臺灣人堅毅不拔的精神。

　　這些空間意象別具地域意義，而立基其上為主題、作背景的文學書寫，結合了各種想望與情懷，召喚著市民的認同與記憶，成為市民城市生活經驗的和市民社會重構的載體，而由於這樣的生命軌跡與歷史軸痕的對照，使得城市與城市人在不斷變遷中自己找到存續的力量。

第九章　八、九○年代臺北城市「生活空間」的特色書寫——情慾流動

　　八、九○年代臺灣社會在「解嚴」之後，威權體制逐漸瓦解，言論自由空間擴大，各種思潮百花齊放，農民運動、女權運動、同志運動、生態保育等民間力量風起雲湧；國際市場競爭加劇，企業朝向技術轉型，繼股市狂飆、世界名牌輸入、大家樂熱潮……等沉溺於金錢遊戲、功利主義高漲；而資訊爆炸、科技傳播以及跨國性的投資開發，臺灣社會走向多元開放：從政治狂熱到物質崇拜，改變了人們生活模式，原有的價值文化與思想觀念遭受到衝擊。在這一時期之中，作家作品視野擴大，受到社會「性解放」的思潮影響，表現在文學書寫中，也一反過去的保守之態，更強調內心的深層渴望。觀察臺北城市「生活空間」文學書寫裡，出現了極大量的「情慾流動」書寫。內容及題材之豐前所未見，是以筆者特立專章討論此一時期「生活空間」裡的「情慾流動」。

第一節　情愛空間文學書寫

　　人是有情感的物種，喜、怒、哀、樂皆是人的情感表現。當情感表現在對另一個個體有身體上的渴求時稱之為「情慾」。「情慾」是人類最原始的本能之一，因為「情慾」結合，人種也才得以延續。在人類文明之始，東西方皆對於「情慾」保持自然而開放的態度。當文明演進的過程中，為了維護道

德禮教進一步對「情慾」有所壓抑，在東方舉如宋明理學裡有「存天理，滅人欲」的學說，[註1] 而西方在基督文明裡，就將「性」視為嚴肅、忠貞且聖潔的。《聖經》裡更指出上帝只祝福「性」發生在行為合法的婚姻之中，婚姻以外的性愛都被視為「姦淫」與「淫亂」。早期的西方社會甚至是女性的「情慾」為一種病。因此在東西方的文明演進史中，「情慾」都受到某種程度的壓抑。

十九世紀中葉後，全球社會文化的快速變遷，不同的思想主義蔓延，對於「情慾」的看法也開始有了改變。首先被稱為性學大師的美國金賽博士（Alfred Charles Kinsey，1894～1956）由研究昆蟲物種的繁衍進而對人類性慾的好奇而展開深究，1948 年發表《金賽報告》（Kinsey Reports）開啟了人類「性解放」的鑰匙。六、七○年代的美國隨著全球化與城市化變遷的加劇，擴大對傳統社會及家庭價值觀的衝擊，加上人權運動的抬頭對人性自由的重視，進而開始提倡「性革命」運動：強調性是人的本能，開放且自由，人應該主動追尋性愛。這波「性解放」思潮透過資本主義全球化而蔓延至全世界，也傳到了臺灣社會。城市的資訊發達、觀念開放，社會氛圍較為多元寬容，城市人比較願意嘗試、也容易接受新觀念。因此由八、九○年代的臺北城市「情慾空間」書寫，可以看到「性解放」下的城市社會文化面向。

一、封閉空間

一個人獨處的「封閉空間」是自我最隱私的天地，這是個人的權力場域，不受外界的打擾，可以卸下心房不用擔心異樣眼光，釋放個人的本能與慾望。在城市中個人租處居住的「房間」可說是專屬的「封閉空間」。在房間裡主人可以有任何形式的穿著，可以做任何的事，人性的慾望赤裸裸的表露，隔絕一切外界的干擾，因此這個個人的「封閉空間」裡成為最佳的「情慾空間」。

〔註 1〕 按：雖朱子的本意並非否定人的本身欲望，而是要人排除不合理的欲望。但後學的誤解加之政治上的手段控制，尤其在父權社會裡對女性的全面打壓，而有「三從四德」、「貞節牌坊」等價值扭曲現象繁衍而出，「情慾」也成為東方文化的禁忌話題。也因此「『存天理，滅人欲』的倫理道德觀念的出現，很快成為壓制人性的精神枷鎖，起著為封建專制統治服務的惡劣作用。因此，清初著名學者戴震（東原）一針見血地揭露了理學在倫理道德方面所起的作用是『以理殺人』。」見羅波，張莉紅著：《天理人欲》（新竹：花神出版社，2004），頁 279。

黃凡的〈慈悲的滋味〉裡，就寫下男主角大學生小葉在這「封閉空間」裡的「性幻想」：

> 我思索著每一件事，想像著各種可能的情況，但到了末了馬小姐的
> 幻影總是趁虛而入；她一絲不掛地爬上床，壓在我身上，在我懷中
> 蠕動，我發出連自己都不敢相信的呻吟，我試著以自瀆來抒解，但
> 沒有效，我的身體像被火燒著。愈是想從情慾的深淵抽身，卻陷得
> 越深，我想我要發狂了。〔註2〕

馬小姐是住在三房的房客，是位標準的都會上班族，年輕貌美且打扮妖豔，竟讓隔壁女房客靜芳提醒「那個女妖，你要小心」〔註3〕，要小葉與三樓的馬小姐保持距離。因為小葉是大學生，馬小姐因而請託他擔任她的個人家教。兩人定期在馬小姐的房間裡上課，只是孤男寡女共處一室，馬小姐所散發出的成熟女人風味，讓正值血氣方剛的小葉情慾高漲。當回到獨處的「封閉空間」中，小葉開始對馬小姐有各式各樣的性幻想。在今日開放思想的城市文化裡，人類內心最原始的情慾依舊被制約著。小說中寫出男主角一個人在「封閉空間」中，在無人之際，年輕男子獨自發洩著自我的情慾。

　　一個人在「封閉空間」裡可以自娛，兩個人在「封閉空間」裡可以狂歡。城市人思想先進且多元，在「性解放」的推波助瀾之下，城市男女兩情相悅之際，在「封閉空間」裡碰撞出激烈的情慾火花。朱天心〈佛滅〉裡就描寫著城市男女的激情：

> 一面看著，一面在浴缸邊跨上她，像騎在一匹馬兒上似的，小母馬，
> 他叫喚著，如同握著韁繩似的抓扯著她一頭濃黑的長髮。那是她全
> 身唯一的豐腴之處，小母馬，……起伏中，他望見盥洗臺上鏡中好
> 陌生野蠻而竟是自己的一張臉，陶醉起來，享受著做一對沒有知識
> 的野蠻動物的無羈狂放之感。〔註4〕

朱天心的〈佛滅〉是一篇「影射性」色彩強烈的政治小說，故事敘述主角為黨外刊物的知名記者，大力宣揚環保議題之際，實際的生活卻是背道而馳。過程中他也感到衝突與矛盾，但演講與專欄的批評是他的職業。離婚過的他與同樣是記者身份的阿雲同居，阿雲的千嬌百媚，熱愛環保議題同時也是物

〔註2〕　黃凡著：〈慈悲的滋味〉，《慈悲的滋味》，頁36。
〔註3〕　同前註，頁35。
〔註4〕　朱天心著：〈佛滅〉，《我記得……》，頁176。

質崇拜的愛好者。有如性愛機器的阿雲,其床上功夫讓主角痴迷而忘卻現實中的種種衝突與矛盾。身爲知名記者的主角社交關係良好,時常出席各種講演活動。在每一次的演講或專欄議題,得到支持,有時也出現意見反彈。他陷在理想的迷惘之中,也在「婚姻」爲城中迷情。在「封閉空間」裡他的激情甚至自己的都覺得陌生而野蠻,對照在外的正義凜然形象,完全背道而馳。在「封閉空間」裡,兩人不用擔心世俗的眼光,徹底釋放最原始的人類慾望,激情成爲了「性解放」思潮的最佳註解。而在現代社會裡「婚姻」不再是城市男女最終的目的,交際花般的女記者阿雲不會想被「婚姻」所束縛。在城市男女的性愛觀裡,沒有人吃虧或不公平的想法,既使是女性如「阿雲非常喜歡目前的狀態,既可享受每天床上的男女關係,仍可以一個清純外貌的單身女郎身分,趁他忙時不無小補的談幾個小戀愛」,自由地享受被追求的美好。於是,沒有負擔,沒有責任的「同居」現象司空見慣,成爲時下都會男女的新關係。

除了家的房間之外,旅館開房間這種「封閉空間」也是城市裡的重要「情慾空間」。旅館的主要業務是供外地的旅客來到當地可以有個落腳休息之處。除了「留宿」之外,旅館也多方經營,開闢客源「休息」之所,也成爲旅館的重要營業項目之一。短程的旅客或路過的旅客並無留宿的打算,只是想有個舒適不被打擾的環境可以短暫休息,暫時解除奔波勞累,以備有充沛的精神繼續工作。因此旅館的兩三小時「休息」的業務應運而生。不論是「留宿」還是「休息」,旅館都提供一個舒適休息且不被打擾的特性。旅館以旅人過客爲主要消費層,因而出現了過夜「留宿」與短暫「休息」的多元選擇,加上隱密的特質,旅館成爲了男女幽會之所。在裡頭享受兩人世界的浪漫與激情。由於這種特殊的便利性、快速性與隱密性,也因此旅館衍生成爲「偷情場域」的代詞。李昂《迷園》裡的女主角朱影紅及與林西庚即常在旅館偷情:

> 男人顯然是個中老手,在臺北眾多的休閒賓館中挑選住宅區中不顯
> 眼的一家,兩人分別不一同時間先後進入,告訴櫃台假姓名以作聯
> 絡,爲了預防賓館中可能有偷拍的攝影樣或窺視孔洞,一切都在黑
> 暗中進行。〔註5〕

和大部分偷情者一樣,小說人物均有正當職業,甚至名高權重。偷情約會勢必偷偷進行,甚至以假名以掩人耳目。然而當到了旅館的密閉空間中,城市

〔註5〕 李昂著:《迷園》(臺北:貿騰發賣公司,1991),頁169。

男女原始獸性一覽無遺：

> 一個中等規模賓館一百個房間裏，每天至少有五、六百對男女在這
> 裏性交，繁忙的鍾點裏連更換床單都得十分匆忙，那換下的床單堆
> 滿地下室像一堆白色的輓聯上面斑斑點點墨跡未幹，而新的床單又
> 躺下另一對赤裸的身體。擠壓、摩擦、索求，咿喔的呻吟更不曾間
> 斷。〔註6〕

原始般的獸性在一間間賓館房間裡不斷呻吟著。林燿德的〈三零三號房〉也
寫下在旅館私密空間裡赤裸坦誠的誘惑，故事裡男主角私家偵探符充德在一
次調查省議員大金牛妻子的外遇事件中，反被大金牛妻子將計就計在旅館的
房間裡色誘。雖年近四十，但在旅館的燈光氣氛下，女主角「一件件將身上
昂貴的配件脫卸下來，在昏黃的室燈下，裸裎她的肉體，裸裎她垂落的乳房。」
〔註7〕〈三零三號房〉中的符充德無法抵擋情慾誘惑，追查偷情事件的反而偷
了情。於是，旅館這一類的「封閉空間」，為情慾空間寫下最佳的註解。

城市男女的縱情也出現在朱國珍〈夜夜要喝長島冰茶的女人〉裡。女主
角亞維儂到酒吧裡，點了一杯「長島冰茶」來宣告今晚她要找一個男人纏綿。
而在眾多男子中，她選了有 BMW 車鑰匙的男人後，就一起共赴旅館同享一
夜情。在旅館裡亞維儂主動又熱情的與陌生男子翻雲覆雨，享受男人帶給她
的快感與高潮：

> 當男人從亞維儂身上離開的時候，亞維儂主動趨上前去，溫柔體貼
> 又小心呵護地幫他脫下保險套；這個動作令男人深受感動，他覺得
> 亞維儂真是一個熱情奔放又善解人意的傢伙，他神氣的以為亞維儂
> 必定是真心愛上他了，所以也同樣珍惜他的精子；他對自己在床上
> 的表現非常滿意……亞維儂接過保險套以後，卻是毫不猶豫的就把
> 套子裡的精液倒出來抹在臉上，沒有一會兒的工夫，她的臉上就佈
> 滿了透明泛光的薄膜……〔註8〕

他向受完傳統觀念裡總覺得「一夜情」裡是男人佔盡便宜，女人「付出」了
身體總是吃虧。故事中的亞維儂主動的服侍行為，讓「大男人主義」心態的

〔註6〕 同前註，頁 170。
〔註7〕 林燿德著：〈三零三號房〉，《大東區》，頁 165。
〔註8〕 朱國珍著：〈夜夜要喝長島冰茶的女人〉（臺北：聯合文學出版社，1997），頁
23。

男人得意又自滿，認爲這女人「必定是眞心愛上他了」。殊不知在「性解放」思潮裡的城市女人更「享受」性愛高潮的快感，甚至認爲「男人的精液裡面含有高成分的蛋白質和帶有有機化合物的 DNA，是一種比任何名牌化妝品都更有效的純天然保養品。」〔註9〕然而她享受結束之時，也正是男人的利用價值殆盡之時，她自言「『結婚』這兩個字是我用來甩掉男人的尚方寶劍」〔註10〕。當亞維儂使出殺手鐧「我們什麼時候結婚？」〔註11〕，果然遊戲人間的男子無一不逃之夭夭。

如此，「封閉空間」的性愛幻想與情慾交歡，陌生的城市男男女女各在其中獨享或共享了其中的歡愉。而不爲人知的暗戀、隨機而遇的歡愛，乃至前衛狂肆的色誘、性獵捕，他們不必在乎對方是誰，激情過後不想負責、也不必負責，這正是八、九○年代的臺北城市男女的情慾性愛觀。

二、半封閉空間

「封閉空間」具有安全而隱蔽的特性，男男女女可以在裡面盡情狂歡，顯露最原始的情慾而不受打擾。然而大膽而開放的城市男女，在「性開放」的思潮推波助瀾下，更有人嘗試在「半封閉空間」裡追尋刺激。冒著身體被暴露的風險，被人議論的指指點點。在道德的臨界點上，感官與情慾都達到前所未有的的刺激享受。電梯是大眾運輸工具，在城市高樓中透過電梯的狹小空間垂直運送，把每一個人送到所需到達的樓層。電梯隨時開啓以通往每一個樓層，當其關閉時又是一個狹小的獨立空間，可視爲一個「半封閉空間」。在電梯開動的封閉空間裡不會被人打擾，但停靠開啓時又成爲一個開放的空間。大膽的城市男女以電梯爲「情慾空間」纏綿親愛時，對於不知將在哪一個樓層停駐打開而被人發現的那種未知、不確定的高度危險性，令城市男女感到高度的刺激感、充滿挑戰的樂趣。比如黃凡《反對者》裡的羅秋南與女友蓓蘭：

> 在電梯裡，他急促熱情地親了她一下，蓓蘭的反應也很迅速，鏡中映出她嬌小豐腴的軀體，她的美眞是無懈可擊，她的性感、芬芳的味道，這個小電梯怎容納得下？它快爆炸了。我好需要！我好需要！

〔註 9〕 同前註，頁 24。
〔註10〕 同前註，頁 25。
〔註11〕 同前註，頁 24。

但時間緊迫，只有幾秒鐘，秋南將手伸進她的內衣，立刻又縮了回
來，像電光石，雖短暫，但感覺多麼美妙。她的胸部柔軟、富彈性，
雖已過卅歲。身材仍保持得很好，她作瑜珈術，會整套的高級動作，
能把腰像紙一樣摺起來。「嗯！嗯！」她呻吟著，但電梯門在這時候
打開，秋南挨了拳似地跳了起來，幸好四週無人，他把電梯按住，
兩個人簡單地整理一下儀容，然後相視一笑，拉著手走進瑞琪的辦
公室。〔註12〕

在前往瑞琪辦公室的途中，羅秋南與女友蓓蘭搭著電梯。電梯裡只有兩人，
趁著四下無人羅秋南迅速的熱吻蓓蘭。在電梯這樣的「半封閉空間」裡勾起
了羅秋南的慾火焚身。但電光火石之際，電梯的門突然打開，幸好四週無人，
然後二人好整以暇的步出電梯，完成一段的驚險又刺激的「電梯激情」。但是
朱天心〈佛滅〉裡的阿雲就沒那麼幸運了：

在報社一樓大廳電梯口等著上樓、電梯門無聲的一開，裡面阿雲正
摟著一名男子，一條大腿赤裸裸的從長裙裡伸出，勾在那人腰上，
清楚被他看到她正以舌頭在舔他臉上的汗，當然只是瞬間的事，那
男子比阿雲要害臊得多。〔註13〕

在報社一樓大廳等電梯的記者男主角，當電梯門一開，看見阿雲貼附著男子，
大腿纏繞其上，可見在電梯裡兩人已經忘我的纏綿許久。這些關於電梯門一
開一關的情慾流動令人臉紅心跳。這些「半封閉空間」裡的激情挑「性」行
為，透過這群不畏世俗而求刺激的城市男女演繹而出各種的都會情事，同時
正反襯出了繁榮城市裡情感慾望的縱橫與傳統價值意義的流失。

　　汽車是城市最常看見的私人交通運輸工具，城市男女約會有汽車代步，
到哪裡都方便。然而當車上的兩人情慾被挑動而起時，車上的狹小空間即成
爲交合最方便的「情慾空間」。這個空間屬於「半封閉空間」。汽車雖可以上
鎖與外界隔絕，但汽車的玻璃透明光亮，外頭一望便可看見裡頭的內容物。
縱使貼上了反光玻璃紙，阻絕外界的視野。但當兩人在車廂裡激情時，劇烈
的晃動一定會引發車輛的擺動，所以「車震」也成爲了車上性愛的代名詞。
李昂的《迷園》裡就寫下了一場車內的「情慾空間」書寫：

在臺北，林西庚喜歡在他勞斯萊斯的車後座挑逗她。他的手摸索著

〔註12〕黃凡著：《反對者》（臺北：自立晚報社，1985），頁63～64。
〔註13〕朱天心著：〈佛滅〉，《我記得……》，頁193。

> 伸入她各式的裙中，短裙即使是窄裙，也極容易下手，長的窄裙他
> 便得要她移動坐姿才探觸得到。朱影紅總是半推半就，林西庚再進
> 一步的要求她一定拒絕。司機雖是她的親信⋯⋯〔註 14〕

在高級汽車「勞斯萊斯」的後座空間裡，男主角林西庚開始挑逗女主角朱影紅，林西庚「的手摸索著伸入她各式的裙中」，在短裙、窄裙，還有長的窄裙之中尋找那神秘的禁區。朱影紅也在半推半就中在車上讓林西庚嚐盡甜頭。兩個人雖然早已發生了多次的交歡，但在汽車的「半封閉空間」裡，朱影紅仍然趕到羞澀放不開，尤其前座還有一位外人。「司機雖是她的親信」，但畢竟再如何豪放的女人，心中還是有一個底線。《迷園》故事敘述來自鹿城世家的朱影紅，與臺北建築新貴林西庚的愛情追逐故事。小說以臺北為背景，描繪出都會男女沉迷於紙醉金迷與性愛追逐的世界，呈現出臺北城市的聲色犬馬與墮落粗鄙的面貌。同時也藉朱影紅的家世背景闡述了顯示臺灣人長久以來被殖民統治的迫害與悲哀。其內容對女性情慾書寫極為露骨：

> 從來不會，我對一個剛認識幾個小時的男人有如此強烈的渴求。過
> 往我不是不曾為男子的美麗著迷，但絕不是像這片刻，我止不住自
> 己心中酩酊的縱情渴望，這般想望著男人擁抱的感覺、撫摸與重。
>
> 〔註 15〕

藉朱影紅展現出女性對情慾的解放與自由。「性解放」的書寫對李昂而言不只是金賽博士所提出的「愉悅」與「享受」。它更是女性權力的展現，英國珍妮佛・哈汀（Jennifer Harding）指出：「性意識並沒所謂天生固有的本質，它必須被理解為是一種文化意義的呈現，而這樣的文化意義源自複雜的社會（權力）關係。」〔註 16〕出此可知情慾（性意識）在政治、社會還是家庭中，都即可能成為社會文化中權力模式的再現場域。繁華撩亂的城市燈光下，朱影紅與林西庚之間的男歡女愛性愛追逐，還有企業文化鬥爭的幽暗面，正是時代臺北的城市文化縮影。施淑進一步指出：

> 作品中，林林總總的都會男女，燈紅酒綠，我們看到了臺灣在現代
> 化過程中，精神和物質發展的一些方面，一些小知識層和新興的資

〔註 14〕李昂著：《迷園》，頁 250。
〔註 15〕李昂著：《迷園》，頁 45。
〔註 16〕珍妮佛・哈汀（Jannifer Harding）著，林秀麗譯：《性與身體的解構》（臺北：韋伯文化出版社，2000），頁 12。

產者、投機者的生活畫卷。在這個以慾望為前導的世界中，腐敗與
新生、榮譽與恥辱、希望與絕望、壓迫與反抗、敗北與勝利，這些
一向用來判定人的意義的觀念，它們的內涵與界限，都在性與金錢，
這新的價值系統的指示器之前，變得曖昧難分，不清不楚。正是在
這裡，李昂那把現實事件近乎照單全收的小說世界，她筆下的自覺
或不自覺地追逐其中的、那被性與金錢還原成可以是任何人也可能
查無其人的小說人物，讓我們毫無迴避餘地的面對現代臺灣社會的
生命與死亡的漩渦，它的現實與夢魘，它的新的與舊的罪惡，讓我
們被激怒和被迫嚴肅及真誠地思考，關於人，關於生命的最基本的
問題。〔註17〕

《迷園》裡的燈紅酒綠，是李昂藉由文筆寫下這時代的臺北城市風貌，在資
本主義的主導下，「慾望」成為城市的一切，性與金錢是其內涵。一切的社會
價值觀變的扭曲，道德是非不再，只有竭盡一切甚至不擇手段去擷取才會成
功。《迷園》看似寫盡城市男女的情慾醜露面向，在其最重要的精神是「人性」
的書寫。

三、開放空間

　　「開放空間」為都市計畫的專有名詞，係指「建築基地內依規定留設達
一定規模且連通道路開放供公眾通行或休憩之下列空間」〔註18〕這樣的空間
包含了「沿街步道式開放空間」如人行道、街道及「廣場式開放空間」如公
園、廣場等。因沒有封閉物能將其阻隔，任何人於任何時間內都可以進入到
該場域。除了某些特定的「開放空間」有其特殊屬性，在某些時段成為特定
族群的場域，而一般人鮮少進入。而將開放場域視為「情慾空間」的都會男
女，其追求性愛刺激的開放程度，令人咋舌。朱天心〈佛滅〉裡的女主角阿
雲就是如此膽大妄為：

　　她隔桌拉他坐下，替他叫了一種她新發現奇怪但不一定好喝的加味
　　紅茶，手從桌底下出於習慣的隨語氣輕重摸著掐著他的大腿，室內
　　正放著 Ray Charles 的歌，有些奪他心神，因此沒很認真注意阿雲的

〔註17〕　施淑著：〈迷園內外──評李昂的小說〉，《兩岸文學論集》（臺北：新地出版
　　　　社，1997），頁336。
〔註18〕　《建築技術規則建築設計施工編部分條文修正條文》第二百八十三條

> 話，只知道上午的股市又是一片漲停之聲，她說了一陣停下來，察
> 覺了，才等送上茶與點心的服務生走開，桌下的手停在他的褲襠間
> 問他：「在想什麼？」〔註19〕

咖啡店裡阿雲拉著男主角坐下之後，在眾目睽睽之下開始調情對方。咖啡店裡人來人往，雖然咖啡桌上可能會有餐巾的遮掩，但連服務生送上茶點之際，阿雲都持續挑逗著。在城市社會裡，女性不再只是傳統的被動，面對內心的自我情慾，甚至主動出擊以達到滿足，這是女性主義崛起之下的自我表現。不只在咖啡店裡，阿雲的情慾也展現在「開放空間」陽臺。陽臺是住家外面的小空地，可以放置雜物，也可以晾曬衣物。在大樓林立裡臺北城市裡，樓房與樓房間隔狹隘，一回頭一移目，隔壁陽臺的情況便一覽無遺。雖然城市男女也許不認識隔壁鄰居，但難免照過面。而就在如此高曝光度的陽臺空間裡，朱天心的〈佛滅〉裡也出現大膽的情慾橫流：

> 與阿雲一起時的種種就讓他有重返動物身之感，阿雲不知哪裡老是
> 弄得到大麻，兩人放鬆的邊大笑邊隨處交歡，有回把她壓在陽臺上
> 並順手折了一旁花盆裡的一朵黃蟬花插在她耳際……〔註20〕

情慾的高亢，讓他們如此放縱。加上毒品「大麻」的助興，更讓他們興奮激昂。在陽臺上野性大開讓他們產生「重返動物身之感」。都會男女的性愛情趣，在陽臺外，戶外公共場合的交歡無不讓人瞠目結舌。朱天心的〈肉身菩薩〉寫下男主角帶著「十七歲」到城市邊際的水門堤岸開放空間裡激烈同志性愛：

> 十六歲看出他傾愛十七歲，便挾持十七歲，玩遊樂場，打小鋼珠，
> 時不時投他哀怨的眼光，搞三角習題。他隨他們從這裡逛到那裡，
> 潮濕人群中，那裡又轉去那裡，黃昏的都市已亮起燈，不知為什麼
> 他們卻走在水門堤岸上。十六歲轉眼不見，讓出給他們。陰陽脊界，
> 一邊是都市背後稀稀落落霓虹燈，一邊是都市倒影，水風腐臭十萬
> 八千里從幽黑彼岸刮來。他帶十七歲走下倒影這邊，按到粗礪的堤
> 牆上狠狠親了一遍，像若干年前賈霸對待他。〔註21〕

故事裡「十六歲」與「十七歲」寄住在男主角的家，其中「十七歲」的青春

〔註19〕 朱天心著：〈佛滅〉，《我記得……》，頁178～179。
〔註20〕 朱天心著：〈佛滅〉，《我記得……》，頁185～186。
〔註21〕 朱天心著：〈肉身菩薩〉，《世紀末的華麗》（臺北：印刻出版公司，2008），頁49。

男子身體，讓一樣身爲同志的男主角興致勃勃。男主角供他們吃住、帶他們
玩耍，並私下與「十六歲」談好條件，誘導「十七歲」到城市邊際的水門堤
岸侵犯他。在空敞的水門堤岸，夜晚的黑幕成爲了他最佳的屏障，這場粗暴
的野合，形成爲了城市裡「開放」的「情慾空間」。在這裡，空間不僅是好壞
正負主客的區分，而透過文學書寫中的人物、行爲、活動與心態勾勒出「看」
與「被看」空間與權力的顛覆，「佔有」與「犧牲」的關係與價值的改變。

第二節　性產業「情色空間」文學書寫

　　城市空間的面向多元，有繁華的一面，同時也有其幽暗面。城市的幽暗
面包含了犯罪與色情，因物質慾望的無法滿足或關懷的缺乏造成了犯罪行
爲；同樣因爲情慾的需求，現實中性慾得不到滿足時，配合著金錢交易身體
的色情營業的空間因此出現。在這色情空間裡，「性交易」是性工作者以自己
的身體做爲商品，以身體來滿足客人肉慾的需求以換取金錢與報酬。情慾是
人們天生具有，當有其需求又無感情上可發洩的對象時，「性交易」成爲了人
類抒發情慾的重要管道，也因此色情行業是人類自古以來就有的古老行業。

　　世界各國對待色情的看法不一；例如：思想自由開放的歐洲，如荷蘭就
有設置「紅燈區」這樣的色情空間供人類以物質交易抒發情慾；日本自古以
來父權文化的強勢，狎妓之風盛行，加之「明治維新」後西方觀念的引進，
對於色情業者也給予極大的包容。今日日本色情產業興盛，日本 AV 影視遍及
全球，其商品收入甚至佔其國內生產總值的 1%。由此可見滿足人類情慾這原
始本能的需求市場之龐大。臺灣受到傳統中華儒家文化的影響，在道德意識、
倫理觀念、高尚品行的教化薰陶下。色情行業以物質交換身體的行爲被衛道
人士所強烈批判，被摒除在常態的臺灣社會制度之中。許俊雅指出：

> 1962 年先頒訂「臺灣省特種營業管理規則」，容許酒戰後藝旦文化
> 消失，妓女已經沒有才藝表演，只剩賣淫，而許多女子在酒家、咖
> 啡廳、茶室與舞廳等「特種行業」處工作，又介於賣淫與「陪侍」
> 之間，曖昧不清，政家、酒吧、特種咖啡室等場所有女性陪侍，1964
> 年又公佈「臺灣省舞場、夜總會、舞會管理規則」，容許雇用舞女陪
> 舞。在上述這些場所上班的女子，則可稱爲「特種行業婦女」，是不
> 能公開性交易的，但私底下如何難以得知。在臺灣，女性色情勞工

與其他勞工一樣，一直是經濟成長、開發策略下被剝削、被犧牲的
對象。在六、七〇年代短篇小說以風塵女子爲題材者眞是指不勝屈，
可說是此一社會意義的呈顯。〔註22〕

日治時期因爲日本對色情文化的包容使臺北色情產業興盛。但國民政府先後
制訂相關法規之後，先是「容許酒戰後藝且文化消失」，後是「特種行業婦女，
不能公開性交易」。然而情慾是人類的本能，在有其需求的情況下，色情市場
只能由明轉暗。在得不到政府官方的認同，行走於違法的黑幕，爲了生存不
得以向黑社會靠攏，因此色情常與黑道、暴力相連，成爲城市的幽暗空間。
林海音在〈玫瑰〉〔註23〕裡寫下了五〇年代養女家庭當酒女，最後厭世自殺
的憂傷；許希哲（1930～）〔註24〕的《春泥》則是六〇年代臺北色情文化的
縮影。許希哲曾實地考察的當時臺北的色情場所後以「報導文學」的概念寫
下這篇小說。故事敘述女主角尤春子因父親過世、母親生並，家中還有年小
的弟弟要扶養。爲了生活尤春子只能四處借貸，但借款期限到，還不出錢財
的尤春子只好將自己的「初夜」作爲還款的代價。最後被生活經濟壓力所迫，
不得已走上酒家女、妓女的生涯，並在龍蛇雜處的臺北城市底層掙扎生存。
小說裡提及剛入行時的女子，每一次的過夜陪客費是三百元左右，扣除債務
後，每個月有將近兩千多元的實質收入，這樣的收入是當時一般正常工作薪
資至少五倍以上。如此的豐厚收入，雖然社會文化給予色情產業極大的道德
批判，甚至以歧視、污巉的眼光看待性產業工作者，國家也給予法律懲罰。
但在家庭或個人的經濟壓力之下，色情行業成爲了這群困頓女子不得已的選
擇。鍾延豪（1953～1985）〔註25〕的〈華西街上〉則呈現七〇年代的情色紀
事。故事敘述十六歲的金德從國中畢業之後，爲了幫忙家計，從農村來到臺
北華西街麵店當學徒。每日在油汙的麵店工作的他，爲花街柳巷的小姐們送
麵，看盡城市的醜惡面相。某日偶遇剛被養母賣來「滿春閣」的十三、四歲
的少女，金德聯想到自己與賣藝老人豢養的小猴子及少女的命運疊合，忍不
住塞給她二十塊錢要她趕快逃走。沒想到卻害了少女失足墜樓而亡。

〔註22〕 許俊雅著：《臺灣文學論：從現代到當代》（臺北：南天書局，1997 年），頁 324。
〔註23〕 林海音著：〈玫瑰〉，《綠藻與鹹蛋》（臺北：純文學出版社，1970），頁 131～145。
〔註24〕 關於許希哲的文學特色，詳見封德屏編：《2007 臺灣作家作品目錄》，上網日
期 2016.9.25 網址：http://www3.nmtl.gov.tw/Writer2/writer_detail.php?id=1445
〔註25〕 關於鍾延豪的文學特色，詳見封德屏編：《2007 臺灣作家作品目錄》，上網日
期 2016.7.22 網址：http://www3.nmtl.gov.tw/Writer2/writer_detail.php?id=2488

在不同時代，不同的空間裡，許多性工作者的悲情事件在上演著。針對臺北色情空間的分布，謝康曾做過田野調查指出臺北市的色情文化分布有三：

（一）中山、城中、建成三區是高級娼妓。

（二）延平、大同是中等娼妓的場地，多為公娼。

（三）萬華寶斗里及後火車站是底層娼妓的處所，甚至圓山大飯店下的基隆河畔搭個草屋就可從事性交易。〔註26〕

此外，還有部分是屬於無固定場所的交際花與妓女。當中最可憐的是以寶斗里為主的底層私娼，來到這邊的女子多數來自中南部鄉村。他們多數是家庭生活困難而出來分擔家計，沒有機會受教育，也沒有一技之長，在臺北城市裡求職自然處處碰壁。本身的外貌條件不好，進不了高級酒店或舞廳，只能來到寶斗里這低級風化區賺取微薄的生活費用。每一位來到這裡的女子，背後都有令人心酸的故事。楊麗玲（1963～）〔註27〕的《艋舺戀花恰恰恰》一樣結合報導文學的方式寫下寶斗里妓女戶中一名妓女的重業緣由：

> 十六歲以前，余美美家境優渥，但一場大火，燒毀了她家的工廠，波及鄰舍，負債千萬的父親病倒，母親哭瞎眼睛，她自願犧牲為娼，直到幫助弟妹讀完書後，才轉行創業，卻一再失敗，負債累累，只好又重操舊業。〔註28〕

《艋舺戀花恰恰恰》故事以一樁在寶斗里街頭上黑道凶殺的離奇案件說起：

> 寶斗里和芳明館都屬於歐肥仔的勢力範圍，所以大目坤仔短暫人生的最後時光，最常在寶斗里出沒。

故事透過死者的妹妹，具有記者身份的陳秀玉明察暗訪，甚至輔以女主角的亡兄大目坤亡靈梭遊人間來呈現寶斗里的情色空間歷史的演變。在這社會底層的私娼情色空間之中，形形色色的人皆有，包含貧家的養女、茶室的招待、工廠的女工，或是如余美美一樣遭逢巨變而下海。在此空間場域裡，工作環境惡劣容易感染性病，同時還受到老鴇的剝削壓榨而收入微薄。這裡龍蛇混雜之地，作家藉由女主角的回憶表現大眾對此空間的刻板印象：

> 艋舺著名的風化區寶斗里……而提到艋舺寶斗里，許多人常會皺眉

〔註26〕 謝康著：《賣淫制度與臺灣娼妓問題》（臺北：大風出版社，1972），頁149～152。

〔註27〕 關於楊麗玲的文學特色，詳見封德屏編：《2007臺灣作家作品目錄》，上網日期2016.7.18 網址：http://www3.nmtl.gov.tw/Writer2/writer_detail.php?id=2015

〔註28〕 楊麗玲著：《艋舺戀花恰恰恰》（臺北：九歌出版社，2011），頁356。

> 搖頭，露出曖昧表情，不管是真心反感，抑或裝模作樣，那裡總是
> 被貼上負面標籤，聯想的字眼是：性與暴力、邪惡、骯髒、頹廢、
> 變態……對孩童們來說，那裡更等同禁區，充滿威脅，陳秀玉幼時
> 的「寶斗里初旅」歷險，就非常不愉快。〔註29〕

寶斗里這個臺北風化區在每一個臺北人的心中，都帶有極大的負面觀感於其
中。情色文化雖被傳統的道德文化所詬病，但它卻是社會底層的真實的呈現。
作家選擇這樣的題材具有其意義。魯雅指出：

> 小說中以一個記錄者的觀點，穿透生死記載角頭的發展和妓女業者
> 的心聲歷程，以臺灣大歷史為架構，在閱讀艋舺的同時，也經歷著
> 日治前後臺灣歷史的演化。〔註30〕

作者運用時空錯綜筆法，試圖穿梭於清末、日治、光復與九○年代之間的不
同時空領域。透過家族歷史的回溯，結合歷史的社會脈動與人物的浮沉，過
程中還具體描摩九○年代時任臺北市長陳水扁（1950～）的時代廢除公娼的
歷史事件。整部小說側寫臺北城市的色情空間文化，引起許多的讀者反彈，
認為有加深臺北色情之都的污名化。對此葉穎達認為：

> 我們應該對一座「偉大的城市」懷抱怎樣的想像？悠久的傳統？宏
> 偉的歷史建築？還是深厚多元的文化景觀？又或者一個個曾經堅韌
> 實存的庶民生命史，才是決定一個城市偉大與否的關鍵？以凡人有
> 時而盡的視角，或許很難全面地觀察這個問題，不過這也正突顯出
> 《艋舺戀花恰恰恰》這本小說的必要與價值。〔註31〕

城市裡有各式各樣的社會現象，一座偉大的城市應該包容其不同的面向，包
括：好的、壞的、繁華、落魄、光明、幽暗。《艋舺戀花恰恰恰》呈現的正是
時代的臺北社會面像之一，這也是這本小說的「必要與價值」。廢除公娼帶來
社會的總總問題，也出現在鍾文音的〈劫緣〉中。故事描寫萬華公娼春妍，
因為廢娼而失業。在最後一次性交易時，竟遇到職業生涯裡，最溫柔的男人
和最美好的性愛經驗。這段美好的回憶支撐著她走過失業的辛苦日子。萬華
的寶斗里、剝皮寮、華西街所組構成一個集聚老臺北的「色情空間」，裡面充
滿各種的辛酸故事，這個空間不該被視為城市的污點，而是城市文化裡的一

〔註29〕 楊麗玲著：《艋舺戀花恰恰恰》，頁274。
〔註30〕 愛讀書《艋舺戀花恰恰恰》自由時報副刊 2011.11.6 http://news.ltn.com.tw/news/supplement/paper/537099
〔註31〕 葉穎達著：〈開在底層之下的野花〉收錄於《艋舺龍山寺季刊》第031期，頁44。

部份。

　　除了特定的歷史場域，許多的聲色場所也是臺北城市的「色情空間」。廖輝英（1948～）〔註32〕〈失去的月光〉故事敘述女主角小米不顧鄉下父母的反對，高中畢業後便到臺北日商公司當櫃檯接待員，卻因為和上司婚外情、未婚懷孕而遭到撤職。走投無路之際，也想回漁鄉編草帽，但早已習慣辦公桌生活，而且家中是兄嫂做主，拿什麼臉回家投靠？最後便走進酒廊成為「小姐」。小米在酒廊這「色情空間」裡看盡人生百態：

> 每天，等不及月亮上升，一個人走過熱鬧的街道，轉入闐靜但霓虹
> 燈爭閃的巷弄中，推開門進去，很快的，那扇門在身後闔上，將外
> 面的月光敞亮絕對隔絕。於是，她就進入一種無邊的黑暗漩渦中，
> 成為戴著假面具的鶯鶯燕燕。〔註33〕

成為酒家女的她，沒想到酒家女並非如想像中都是妖嬈女子，反而「手段第一，外型其次」，酒廊裡有許多是姿色平平，甚至拖兒帶女。這些酒家女從小學畢業到大學畢業都有，學歷不一定影響她的「品級」，但一般來說姿色與手腕和獲利成正比。與小米交集的幾個同事裡，有大學生、未婚媽媽，也有先生外遇不幫忙養育孩子的可憐女人，各有傷心事。從幾個酒家女交錯的人生片段裡，寫出人面對現實和命運時的無可奈何，以及這個隱身在都會暗處的行業的某些面向。

　　蕭颯的〈小葉〉中女主角小葉是個流鶯，其主要場景也圍繞在觀光飯店、公寓和酒店這幾個「色情空間」中。觀光飯店的大廳成為了小葉的色情空間，是她尋找客源之地，坐了整夜經常沒有人約，「一坐兩、三鐘點，運氣好，也有很快就釣到凱子的；當然，像她這樣，整個晚上白耗了的，也多。」〔註34〕最後約到了飯店領檯劉智原，兩人由此空間移架到另一個色情空間，繼續完成未完成的色情交易。故事描從兩人原本是性交易關係，卻演變成同居關係。小葉身世可憐，母親改嫁，初中時後被養父強姦，之後便流浪至臺北，成為流連於觀光飯店攬客的流鶯。而劉智原是飯店裡的領檯，某日帶了整晚無客

〔註32〕關於廖輝英的文學特色，詳見封德屏編：《2007臺灣作家作品目錄》，上網日期2016.7.18 網址：http://www3.nmtl.gov.tw/Writer2/writer_detail.php?id=2111

〔註33〕廖輝英著：〈失去的月光〉，《油麻菜籽》（臺北：皇冠文化出版公司，2005），頁69。

〔註34〕蕭颯著：〈小葉〉，收錄於蕭颯等著，《十一個女人》（臺北：爾雅，1981年），頁39。

的小葉回家,「她是個安靜的女人,幾乎是我從來不曾遇著過的話少。又異常敬業,很專心的,使我覺得一千塊錢花得公道。」〔註 35〕後來小葉無處可去又與劉智原回家同居。劉智原願意收留小葉,只想要免費的性愛,不想承擔任何責任。小葉只好到酒廊上班賣淫,晝伏夜出,應付兩人毫無收支概念的頹廢生活。後來劉智原想要獨佔小葉,發生暴力毆打,小葉起初逆來順受,然而當一向安靜的她撞見劉智原趁她上班之際帶其他女子回家,小葉反應強烈——動武、自殺未遂。最後小葉離開了劉智原,開始尋找另一個男人收留,繼續又重複了相同的生活。蕭颯以平靜簡潔的文字敘述兩人交往的過程,特別聚焦於新一代年輕男女新世代的速食愛情觀——對性的隨便,以及對自身和社會的責任感缺乏,整篇故事雖然講愛情,卻沒有絲毫的甜蜜和溫暖。此外,朱天文的〈炎夏之都〉寫臺北城裡熱夏季節,一個中年人平凡瑣碎而寂寞的生活。主角呂聰智是個小有成就的中年商人,每日在外奔波,回家聽妻子叨唸不休,兒女吵鬧,內心十分寂寞疲倦,於是他經常到舞女葉麗珍租屋處尋歡,但絕不過夜。比如呂聰智南下嘉義處理小舅子殺人的悲劇後,在熱夏中回到臺北,就直接到葉麗珍家消磨解悶。呂聰智在夜店和情婦葉麗珍身上,謀求的快樂是酒精造成的麻木假象,當酒醒走在深夜的城市街道,整個人只有永無饜足的肉體和更孤寂的靈魂。

　　以上這些文學書寫是敘寫性產業工作者從酒廊、飯店,私人租屋處等從事性交易的「情色空間」,這些情慾發生的地景、人事,呈現了臺北城市邊緣的聲音。她們因為階級與性別的弱勢,在資本主義與金錢掛帥的臺北城市裡被迫選擇擔任性工作者來謀生,而透過情色空間的文字考察女性與情慾的城市空間的關係,也顯現出各種場所地點的功能不復固定。只要情慾被挑逗而起,或是金錢沒入了口袋,城市裡隨時可以纏綿,四處都是「情慾空間」。

第三節　同志情慾空間文學書寫

　　「新公園」是臺北最具代表的特殊屬性「情慾空間」,在八、九○年代的臺北,「新公園」幾乎跟男同志劃上等號。白先勇的《孽子》就寫下男主角李青這群男同志族群聚會於新公園裡,夜晚情慾縱橫的模樣:

　　　　在我們這個王國裏,我們沒有尊卑,沒有貴賤,不分老少,不分強

〔註35〕同前註,頁 41。

弱。我們共同有的，是一具具論慾望焚練得痛不可當的軀體。一顆
顆寂寞得發瘋發狂的心。這一顆顆寂寞得瘋狂的心，到了午夜，如
同一群衝破了牢籠的猛獸，張牙舞爪，開始四處狺狺的獵狩起來。
在那團昏紅的月亮引照下，我們如同一群夢遊症的患者，一個踏著
一個的影子，開始狂熱的追逐，繞著那蓮花池，無休無止，輪迴下
去，追逐我們那個巨大無比充滿了愛與欲的夢魘。在黑暗中，我踏
上了蓮花池的臺階，加入了行列，如同中了催眠術一般，身不由己，
繞著蓮花池，一圈一圈不停的轉著。黑暗中，我看見那一雙雙給渴
望企求、疑懼，恐怖，炙得發出了碧火的眼睛，像螢火蟲似的，互
相追撲著。〔註36〕

新公園的方形蓮花池靠近公園路，因為可以欣賞蓮花池的美景，成為夜晚同
志族群的約會聖地。白天的壓抑到了晚上全部宣洩而出，一群一群的男同志
們在黑暗的空間環境之中隨時準備追撲另一個身體。「同志」是同性戀的代
稱，係指以同樣性別之人為對象所發展出的情愛關係。同志文化雖然自古以
來史料就有記載，但在人類文明的父權社會演進中，「同志」被以「異性戀」
為主體的東西方社會文化所強烈打壓。《孽子》裡以「王國」自居的這個封閉
的同志圈子裏：「……只有黑夜，沒有白天。天一亮，我們的王國便隱形起來
了，因為這是一個極不合法的國度。」〔註37〕在這個圈子裡因為社會的異樣
眼光，他們只能自我躲藏而自成一類為特殊的族群。白天是主流「異性戀」
的社會世界，只有到了夜晚社會主流的群體休息後，他們才能出來流竄。《孽
子》裡指出「我們這個王國，歷史曖昧，不知道是誰創立的，也不知道始於
何時？」〔註38〕「新公園」何時成為男同志的「情慾空間」，已無歷史可以考
證。但曾秀萍曾由父權領域的觀點來討論這個被放逐的一群的「王國」空間
的形成論：

新公園內父親的不在場，讓孽子們看似免除家長制的私領域空間約
束，但脫離原生家庭，並不代表孽子們就此解除既有的束縛、進入
一個自在寬廣的領域，事實上若非受家庭強行驅逐，青春鳥也不致
流落街頭。家庭的作用力仍存在出亡的孽子身上，非但是身體的放

〔註36〕　白先勇著：《孽子》，頁26。
〔註37〕　同前註，頁10。
〔註38〕　同前註，頁11。

　　逐，更還有心靈的永久傷害；即或在公領域裡，個別父權無從施力，

　　集體父權便立刻取而代之…。〔註39〕

因為主流的父權社會家庭強烈的不認同，甚至驅趕。這群男同志們只能在這
父親不在場的私領域空間中互相取暖。這是個公共領域「個別父權無從施
力」，但仍是個小世界，需有制度與管理才不會失了序。因此「集體父權」建
立起這個「王國」，並有元首、師傅帶領並維持這個世界。當青春鳥有所徬徨
時，「『去吧不礙事的』，我們師傅楊教頭在我身後湊近我耳根低聲指示道，『我
看見他跟了你一夜了』。」元首、師傅就以「父親」的角度與經驗，指導著這
群青春鳥如何面對「王國」裡的情慾世界。

　　　被主流社會家庭所排斥而自我放逐的男同志身影，也見於李昂的〈彩妝
血祭〉〔註40〕中：

　　接下來大半年，兒子尋找她，試圖見她，王媽媽則連電話都不接。

　　之後便總有傳聞，有人在深夜的新公園，看到形似兒子的男人，依

　　偎在中、老年肥壯的男人身上；在隱匿的、以俱樂部方式存在的酒

　　吧內，看到醉倒的兒子摟著高壯的中、老年男人。〔註41〕

身為政治人物的王媽媽，是社會公眾人物，她是社會主流價值與民意的代表。
面對兒子的同志身份，王媽媽強烈的抗拒。脫離原生家庭的兒子，只能在同
志圈子裡找尋慰藉。傳統的社會文化觀念裡，不論是父族或是母族均無法認
同子女的同志性向，他們被迫放逐的最後，因得不到家的關愛進而走向毀滅
一途。當王媽媽再度看見兒子時，已是一具冰冷的身體。唯有用最劇烈的方
式抗爭，在玉石俱焚之後，王媽媽才在冰冷遺體的臉上劃上兒子最愛的妝容，
終於宣告了王媽媽對兒子同志身份的認同。從〈彩妝血祭〉裡王媽媽兒子的
暴斃到同志作家邱妙津（1969～1995）的自殺。同志群族歷經了一次又一次

〔註39〕曾秀萍著：《孤臣、孽子、臺北人——白先勇同志小說論》（臺北：爾雅出版社，
　　　　2003），頁156。

〔註40〕故事敘述女作家參加一場二二八弔祭活動前後的所見所聞。反對黨陣營裡頭
　　　　的王媽媽是二二八事件受難者的遺孀，長期投入反對黨運動中，並帶領群眾
　　　　在臺北街頭提出訴求，是外界眼中地位崇高的領導者。就在一次二二八事件
　　　　紀念會的弔祭活動前夕，王媽媽醫科畢業的兒子暴斃身亡。她傷心欲絕的為
　　　　兒子化上女妝，宣示他同志身份。五十年前為死難的丈夫彩妝，掩飾其殘破
　　　　不堪的容顏；五十年後王媽媽為兒子彩妝，還給兒子真正的容顏。

〔註41〕李昂著：〈彩妝血祭〉，《北港香爐人人插》（臺北：麥田出版公司，1997），頁
　　　　202～203。

的社會衝撞，甚至付出死亡這極大的代價，終於在九〇年代被臺灣社會主流價值所接納。李昂的〈彩妝血祭〉本身可以說是巴赫汀（Bakhtin, Mikhail，1895～1975）「眾聲喧嘩」的集合體，它同時探討了臺灣政治、國族、女性及同志書寫等多樣的題材，也看出作家對時代氛圍的敏感觀察力。

　　解嚴之後，過去禁忌的話題重新被提起討論，「二二八」事件的書寫也再度喚起了人們的記憶，帶起了九〇年代的臺灣「傷痕文學」。這時期的人們參與政治的活動變多了，本土意識與「民粹」的高漲，加之選舉政治的族群操弄，國族與政治成為這時代炙手可熱的話題，同時也是作家所關注的重要課題。〈彩妝血祭〉整篇內容議題複雜交錯如盤根錯節，深刻諷刺臺灣政治的荒謬與弔詭，同時也由歷史大敘述、集體記憶、女性角度、同志課題……等，來探討九〇年代的臺灣各種面向問題，邱貴芬指出：

> 〈彩妝血祭〉堪稱《北港香爐人人插》四篇小說裡結構最完善的一篇，除了涉及當時議論紛紛的「二二八集體記憶」和受難者家屬問題之外，更牽引出當代女性主義對國族論述的反思，是篇層次相當繁複的作品，既充分展現了李昂作品一貫的高度批判性和她小說與臺灣社會密切互動的關係，也代表了她九〇年代政治與性別互相鑲嵌的寫作特色。〔註42〕

如此，作家以不同角度、以不同身分觀察、描寫、想像乃至還原了這個城市多元的可能，城市人的生活空間得以更公開、更被包容的鋪展開來與延續下去。

第四節　性犯罪空間文學書寫

　　依《性侵害犯罪防治法》第二條第一項、《刑法》第二百二十一條。所謂「性侵害」係指「對於男女以強暴、脅迫、恐嚇、催眠術或其他違反其意願之方法而為性交者。」〔註43〕性侵犯罪在我國是屬於三年以上的重罪，但城

〔註42〕邱貴芬著：〈〈彩妝血祭〉導讀〉收錄於邱貴芬編：《日據以來臺灣女作家小說選讀》（臺北：女書文化事業公司），頁265。

〔註43〕「對於男女以強暴、脅迫、恐嚇、催眠術或其他違反其意願之方法而為性交者，處三年以上十年以下有期徒刑。前項之未遂犯罰之。」見《中華民國刑法》第十六章「妨害性自主罪」第二百二十一條。而「性交」之界定為「一、以性器進入他人之性器、肛門或口腔，或使之接合之行為。二、以性器以外之其他身體部位或器物進入他人之性器、肛門，或使之接合之行為。」見《中華民國刑法》第十條第五項。

市生活光鮮亮眼，城市男女敢於表現自我的身體美感。在紙醉金迷的炫彩之下，身體之間接觸頻繁，人類的最原始性慾被挑起，當理智斷了線的一方強迫另一方性交，性侵害就此發生。性侵犯罪是「城市犯罪」中較為明顯的犯罪表現，甚至也比鄉村中多許多。一方面城市人口密集，其發生比例就比較大；一方面城市的思想開放，作風大膽加上物質資本的誘惑，城市成為高風險的性侵犯罪溫床。根據加害人與被害人彼此的關係，性侵害犯罪可分為：陌生型性侵害、熟識型性侵害、約會型性侵害三類。筆者依據三類歸納作家筆下的性犯罪空間文學書寫：

一、陌生空間

「陌生型性侵害」係指加害人與被害人彼此並不熟識，甚至不認識。在雙方完全沒有交集的情況之下，加害給用以強迫的手段或以威脅的手法，與受害人強制性交，其發生的地點常在陰暗的街頭巷弄。林燿德的〈迷路呂柔〉寫下城市少女所置身的都會叢林空間，其生活中四處是充滿陷阱與危險。女主角呂柔的成長心理中，像是誤闖叢林的小白兔般充滿恐懼。從小父親就因犯罪被通緝，長期不在她的身邊，因此對父親的臉總是充滿陌生感。中學時期的「上學途中」不經意撞見了正在自慰的中年男子，他的表情、他的動作總是像夢魘一樣的揮之不去。到了大學時期，她的男朋友張穎，每次求歡時總是粗暴的蹂躪她的身體。最恐怖的是那一次「在城市的陰暗角落」所遇到的陌生男子，突然間像隻失控的野獸衝向她、強暴她。雖然呂柔不斷抵抗甚至最後給予野獸奮力的致命一擊，因自衛而殺死了陌生男子。但每一身影在她身上都是揮之不去的陰影，每一天夜晚都是惡夢的浮現：

> 強迫性的印象瞬間又刺入她的視覺，儘管閉起了眼睛，然而現在已經變成一堆象徵性的符號了……墨鏡、飛略眼前的巴掌、扭曲著發出低吟的嘴角、滴下來的唾液、逼近而變得巨大的唇……一聲悶在喉嚨裡的叫喊，驚醒了呂柔，她竟分辨不出那聲音是發自現在的還是記憶裏的噩夢。〔註44〕

終於呂柔受不了這個一直令她作嘔的城市空間，呂柔站上城市裡一棟十三樓層樓高的頂樓「風好大，她告訴自己必須有勇氣去面對死，與其逐漸的瘋狂，

〔註44〕 林燿德著：〈迷路呂柔〉，《惡地形》（臺北：希代出版社，1988），頁76。

不如死吧！」〔註45〕在決定輕生的千鈞一髮之際，呂柔的理智戰勝了她的失序，雖然沒有跳樓，但依舊對這個城市空間充滿不安的惶恐。

〈迷路呂柔〉中的呂柔遭遇是屬於「陌生型性侵害」。其走在城市的角落，因落單而被鎖定性侵強暴。城市的人口密集，但仍有些人煙稀少的巷弄小徑往往成為犯罪的溫床，尤其在深夜暗處，單身女子往往極易成為被鎖定的目標。小說的內容幾乎時時刻刻出現在電視新聞的社會事件之中，作家寫下的正是一個城市黑暗面的縮影。

二、熟識空間

走在城市的陌生空間固然危險，但根據警政署的統計性，在所有性侵害犯罪案件中，「熟識型性侵害」犯罪佔了八成。「熟識型性侵害」係指加害人與被害人的關係是彼此互相熟識（不包含約會男女），在生活中有一定的身份關連，包含家人、親戚、朋友、鄰居、上下屬、師長、同學、同事……等。因為熟識，所以被害人往往沒有心防，進而讓加害人有機可趁而強制性交。最恐怖的是發生的地點往往不是城市的陌生空間，關係最密切的人成為加害者，而犯罪空間就在最熟悉的場域──受害者的家中。大部分的性侵犯罪為熟人所為，因為熟識而最容易放下心防。也因為熟識而被性侵，被害人心中恐懼的陰霾揮之不去，無法再信任任何人，其創傷更是一輩子的痛楚。這類的犯罪的空間往往是在最熟悉的場域所發生。陳雪（1970─）〔註46〕〈惡魔的女兒〉中的女主角方亭亭自小被父親所性侵強暴，而犯罪空間就在自己最熟悉的家中：

> 為什麼我總是害怕自己會發瘋？……
>
> 夜晚，她凝視著房門，彷彿只要專注地緊盯著那扇門，就可以阻止它被打開，門上掛了一個銅製的風鈴，那是她為自己買的，一個小小的守護神，有時風會使它發出清脆的鈴聲，她知道那是一種警告，先是風，然後就是一雙手。……
>
> 必然地，會有人將我抱上樓，必然地那人是他，必然地，我不會抵抗。必然地經過這一切，而我必然繼續活著。

〔註45〕同前註，頁84。
〔註46〕關於陳雪的文學特色，詳見封德屏編：《2007 臺灣作家作品目錄》，上網日期2016.8.12 網址：http://www3.nmtl.gov.tw/Writer2/writer_detail.php?id=1611

其實沒有發生任何事，她對自己說。

這是我的幻想，如果只是幻想，當然就不會痛了，她總是集中注意力使自己的身體消失，這是個好方法，再不然，使自己變成另一個不在場的人也可以，既然不在場，別人當然找不到她，就算找到，那也不是她自己。

否認，否認，相信自己的否認，然後就遺忘了……〔註47〕

最熟悉卻也是最恐懼的地點——家。家應該是一個給予孩子遮風避雨的地方，家應該是一個給予孩子溫暖的地方。當孩子在外頭受了委屈、受了傷害，家應該是最能給予孩子慰藉的地方。可是方亭亭的家卻是她最恐懼的地方，家裡的自己閨房是自己的天地，是自己最隱私的地方。但一到夜晚「她凝視著房門，彷彿只要專注地緊盯著那扇門，就可以阻止它被打開」閨房的房成為方亭亭最後的防衛，但這個防衛完全無法阻止父親的侵入。當閨房的門被打開，她逆來順受「必然地，會有人將我抱上樓，必然地那人是他，必然地，我不會抵抗。必然地經過這一切，而我必然繼續活著。」父親將方亭亭從閨房抱了上樓，在家的另一個空間裡性侵強暴。面對最親近的人給予最殘酷的傷害，幼小的方亭亭又完全毫無能力經濟自主，完全只能依附父親生活。因此她對自己說「其實沒有發生任何事」，她封避自我「否認，否認，相信自己的否認，然後就遺忘了」最後她竟忘記自己被父親性侵強暴的事實。「創傷後心理壓力緊張症候群」（post-traumatic stress disorder）簡稱「PTSD」是心理精神的一種疾病。係指人們在遇到特定的創傷事件，使自己內心遭受到極大的震撼衝擊，進而產生不同的精神障礙，包括：睡眠障礙、失憶、情感麻痺、易受驚嚇、恐懼或是刻意迴避相關事物等。

方亭亭因為過去父親對她的性侵強暴以致內心衝擊過大，所以在潛意識裡選擇「遺忘」這段不堪，這正是「創傷後心理壓力緊張症候群」的表現。只有「遺忘」她才能好好在這個家生活，是心理的一種「壓抑作用」。但過份的壓抑身、心、靈都會出現不同的症狀。長大後的方亭亭開始出現失眠的狀況、對性隨便甚至同時跟不同的男人上床，她討厭自己，甚至嘗試自殺，直到男友叫她來看心理醫生，內心的那個創傷才被挖掘而出。也唯有再度檢視創傷，重新面對自己，讓心理解脫才是真正治本之道。在這類的犯罪裡，城

〔註47〕陳雪著：《惡魔的女兒》（臺北：聯合文學出版社，1999），頁62～64。

市裡的家，不但沒有溫暖反而成爲了傷害孩子最大的性侵犯罪空間。

三、約會空間

　　約會型性侵害：加害人與被害人的關係是初識而非舊故，因有交流而見面約會，可能是初次約會的男女，或是網友見面，甚至是工作應徵面談等。當其中一方有了性慾，但另一方雖不同意，或迫於權勢無法拒絕，或甜言蜜語的半推半就的情況下而發生性交。在一方非自願的情況下發生性關係皆屬性侵犯罪。黃凡的〈角色的選擇〉就刻畫出娛樂圈裡的城市陷阱，寫下工作應徵面談中，迫於權勢的約會犯罪故事。城市裡的影視娛樂發達，在鎂光燈前的明星風采與物質資本的享受，人人稱羨。每一年都有多少人想擠進電視臺的窄門以一圓明星夢的渴望，但眞正能成爲明星是少數中的少數。雖然如此，每一年還是有許多的少男少女前仆後繼的爭取機會。是機會同時也是陷阱，因此涉世未深女孩成爲了犯罪者眼中的代宰羔羊：

　　「脫掉衣服！」

　　「什麼！」

　　「脫掉衣服！這是第一關，妳一定要克服羞恥，」羅慕明說，他的
　　慾念達到頂點：「把我當成導演，我們現在是在排戲，妳是女主角。」

　　她找不到任何反對的理由，她以一種受催眠的姿態站起來。

　　「脫光！徹底的！」

　　現在，她赤裸裸地站在他面前。

　　羅肆意地用炙熱的眼睛檢查她，她的臉、她的肩、她的肌膚、她的
　　身體、她的無辜、她的等待被擺佈的模樣。她充滿誘惑地站在地板
　　上，等待一次毀滅與救贖的機會。

　　這個賤女人！羅的內心被情慾與憤怒所刺痛，「性」的渴望使他發出
　　沉重的呼吸聲，他費力地吞著口水，雙眼燃燒著愛恨之火。

　　這個賤女人！這個作明星夢的女人！她應該爲這一切受教訓。〔註48〕

在賓館房間裡，女孩被權勢所威迫而脫下身上的衣物，裸體呈現在編劇羅慕明的面前。爲了得到這個演出機會，爲了一圓明星夢「她以一種受催眠的姿

〔註48〕黃凡著：〈角色的選擇〉，《都市生活》（臺北：聯經出版社，1987）頁。

態站起來」脫下所有的衣物。但在這個空間裡卻不單純只是演員與編劇的關係，更是女人與男人的關係。孤男寡女共處一室，女孩赤裸裸地站在面前。羅慕明大方且肆意的看著女孩的身體的每一個部位。「她充滿誘惑地站在地板上」而挑起了羅慕明的慾望，開始一步步以劇情需求，以排練需要碰觸女孩的身體，甚至以權勢逼女孩就範。最後在女孩的尖叫聲中，羅慕明拉回了理智，但造成的傷害早已難以挽回。

小　結

　　受到社會環境氣氛的影響，八、九〇年代臺北城市書寫中夾帶大量的「情慾流動」是這時期的書寫特色。也因此城市的「生活空間」到處是情慾流動。首先在「歡愉情愛空間」裡可分爲封閉、半封閉及開放空間。在「封閉空間」中黃凡的〈慈悲的滋味〉寫出大學生躲在自己的房間意淫樓上的女房客，邊性幻想邊自慰。朱天心的〈佛滅〉寫下城市男女在房間裡激情的場景。林燿德的〈三零三號房〉以及朱國珍的〈夜夜要喝長島冰茶的女人〉分別描繪在旅館私密空間裡的誘惑與激情。在「半封閉空間」裡黃凡的《反對者》及朱天心〈佛滅〉均針對小說人物在電梯這半開放空間裡的激情鋪展情節；而李昂《迷園》裡則在車內車震，趁四下無人交歡，呈現著城市人追求隨時可能被發現的刺激快感。而更大膽的是「開放空間」裡，朱天心〈佛滅〉的主角眾目睽睽之下在公共場所咖啡店裡伸出手直接逗弄對方的私處。另在〈肉身菩薩〉中，主角更在城市邊際的水門堤岸的開放空間裡激烈性愛。

　　在「特種情色空間」上，鍾延豪的〈華西街上〉、楊麗玲的《艋舺戀花恰恰恰》及鍾文音的〈劫緣〉均寫下臺北妓女戶裡的悲慘人生。廖輝英〈失去的月光〉裡的女孩到了酒廊去賣笑最後賣身，而蕭颯〈小葉〉裡的流鶯則出沒於城市裡的觀光飯店、公寓和酒店裡，成爲城市的邊緣人。另在朱天文的〈炎夏之都〉中，舞女在自己的租屋處招待客人儼然成爲另一種變相的特種情色空間的場所。至於「新公園」當屬最具代表的「同志情慾空間」，不論是白先勇的《孽子》李青，還是李昂的〈彩妝血祭〉裡王媽媽的兒子均曾流連其中。最後在「性侵犯罪空間」林燿德的〈迷路呂柔〉寫下城市角落的可怕，然而陳雪〈惡魔的女兒〉裡被性侵的場域空間竟在最熟悉的家裡更爲恐怖，黃凡的〈角色的選擇〉刻畫出娛樂圈裡社交場合中，在作家筆下的都會叢林

的描繪裡危機四伏。

　　透過作家作品裡的城市生活情慾流動「再現空間」裡，可以觀察出城市生活裡的各種喜怒與哀樂、狂歡與悲情。無論是原生的空間環境或是日後的場所空間適應，均因城市生活的不確定性與變異性太大，也讓這原始本能的情慾在「生活空間」中同時存在著正面與負面的性質。甚至在傳統道德文化價值觀的枷鎖下，情慾成了原罪。八、九○年代的社會風氣改變了，作家更勇於面對及挑戰情慾流動下的本質探討。因此在情慾空間裡有男女挑情的愛慾迷離，也有建築在金錢交易的艷色無邊，有同志聚集取暖求歡，還有性侵可怕夢魘。透過他們故事裡的身影、態度與遭遇，提供讀者對城市生活中的情慾空間不同的理解與思考。

第十章　八、九〇年代臺北城市「生活空間」文學書寫中的策略書寫

　　八〇年代以降，城市書寫成為了一股新興的文學潮流，其中提倡者林燿德更主張「城市空間」是城市書寫的主題而非背景。〔註1〕為了凸顯出八、九〇年代臺北城市「生活空間」的特性，許多作家們在文學書寫的策略上，運用特別強化「空間形式」（spatialform）的創作技巧。黃自鴻指出：

> 空間形式（spatialform）是小說組織的一種技巧，當代小說中的「時間變形」、「時空拼貼」、「時空壓縮」、「摒棄情節」現象，其實都是現代主義以降空間形式的進一步發展。〔註2〕

八、九〇年代的作家群，多以城市為中心書寫，寫出城市裡的各種面向，包括好的、壞的面向皆有之。在創作主題上是對七〇年代鄉土文學「二元對立」的反動，而在創作精神上則延續六〇年代的「現代主義」的內在探討，尤其對於城市人的內心感受描摩極為深刻。也因此受到「現代主義」的影響，在「空間形式」的創作技巧上運用了「時間變形」、「時空拼貼」、「時空壓縮」、「摒棄情節」等方式來刻畫這時期小說裡的空間特性。朱天心的〈古都〉正是這類「空間書寫」的極致代表作。〈古都〉在空間裡，以「時間變形」的方式不斷交互出現，主角不斷的於九〇年代的臺北與川端康成（1899～1972）所處時代的日本京都場域交互遊走。在內容中，則以川端康成的小說《古都》、

〔註1〕 林燿德著：〈城市‧迷宮‧沉默〉，跋，《鋼鐵蝴蝶》（臺北：聯合文學出版社，1997），頁290。

〔註2〕 黃自鴻著：《臺灣都市小說的空間黃凡、林燿德、朱天文、朱天心作品研究》（香港：香港大學哲學系博士論文，2006），頁164。

連橫（1878～1936）的歷史著作《臺灣通史》以拼貼文本的方式出現其中。時間上更是壓縮在一天的漫遊橫跨古今，在情節中更只是四處毫無目的的隨處漫遊。該作品充分運用「空間形式」的形式創作，也藉由空間的書寫彰顯出對歷史與國族「失落」的主題。除上所述，許多作家在符碼的表徵及空間敘事上亦有許多的技巧運用。筆者將在以下從結構的安排、符號的象徵、風格的呈現三個層面做歸納整理，來探討八、九〇年代臺北城市「生活空間」文學書寫中的策略書寫。

第一節　結構的安排

傳統式的小說著重於「時間」的呈現，透過「情節」的方式將時間向後推移，同時將故事帶往下一個階段。八、九〇年代的作家群透過城市書寫來做社會觀察，藉文學地景承的「集體記憶」傳遞「城市意象」外，更重要的傳達城市裡的人文關懷。在他們的作品所寫的結構安排上因著重於城市的場域觀察，故「空間」的重要性不可言喻。所以許多作家在創作策略書寫上，特別將「空間」凸顯而出。

一、首──以空間開端

小說創作的開頭與中間的過渡流程有很大的不同，開頭是小說時間流的起點，中間過渡的則呈現線型的時間流動為主。也因此通常在小說創作的開頭常會以時空交置的定位手法呈現。托馬舍夫斯基（BorisTomashevsky，1890～1957）指出小說的起頭是「促使情境從靜止轉為運動的事件之總和」〔註3〕，而小說角色人物將會在這想像的空間中進行活動。八、九〇年代的臺北生活空間書寫多有以「空間」或地景或場域的描摩作為小說的開端，每每自小說人物的視覺印象對環境空間做點、線、面的刻劃，時間被忽略或被停頓，引導讀者在文本空間的閱讀畫面上定格，更親近感受角色所處的環境。不少八、九〇年代的作家群為強化小說空間的特性，在小說展開之首即以空間的定位手法作為小說起頭，舉如黃凡《財閥》的是這樣開始的：

任何一個晴朗的下午，不管開那種廠牌的汽車，你只要從高速公路

〔註3〕托馬舍夫斯基著，方珊等譯：〈主題〉，《俄國形式主義文論選》（北京：生活‧讀書‧新知三聯書店，1992），頁113。

下來，並且一不小心把視線偏離了灰灰的單調的路面，你的眼睛便
會被來自東北方某個閃閃發光的物體刺了一下，於是你用力眨眨眼
皮，第一眼那個物體看起來像是枚剛從熔爐裡取出的銀幣。〔註4〕

城市空間的地景以高樓大廈最爲注目，因此小說的開頭首先針對城市空間裡
的建築極力的刻畫。將大樓以銀幣譬喻，同時也呼應的小說的主題——資本
主義。作家透過人物角色的視角，與讀者的視線同行，隨歲著車輛的移動展
開視覺空間：眼前的是高大建築矗立，勾勒了臺北城市的高樓地景。在朱天
文〈世紀末的華麗〉裡的小說也以刻畫臺北出臺北城的市容開頭：

這是臺灣獨有的城市天際線，米亞常常站在她的九樓陽臺上觀測天
象。依照當時的心情，屋裡燒一土撮安息香。

違建鐵皮屋佈滿樓頂，千萬家篷架像森林之海延伸到日出日落處。
我們需要輕質化建築，米亞的情人老段說。老段用輕質沖孔鐵皮建
材來解決別墅開天窗或落地窗所產生的日曬問題。米亞的樓頂陽臺
也有一個這樣的棚，倒掛著各種乾燥花草。〔註5〕

站在九樓陽臺，主角米亞一眼望入映入眼簾的是滿片的鐵皮加蓋。作家以這
樣的描摹強化了臺北城市空間特有的天際線的印象。而在朱天文〈炎夏之都〉
是從主角開車由三重上高速公路時所見的城市建築景觀中延展故事。還有朱
天文的〈新黨十九日〉也看到空間起頭定位書寫：

她開始喜歡並習慣每天下午在速食店裡的時光。因爲長年夏涼冬暖
的室內空調總使愛坐臨窗位子的她長期下來快失去了現實感，尤其
有好陽光的天氣，透過每一小時就有工讀生出來擦一次的白色木框
方格玻璃窗望出去，她完全忘了外面夏熱冬涼的現實而相信自己置
身的果眞是一個美麗的城市。〔註6〕

這是以主角所身處的空間環境——速食店化身入鏡。寫下店內清幽舒適的環
境空間，令人忘卻外面的夏熱多涼。與小說文本中時間的素描相較，以空間
起頭的作品使讀者快速確認且進入故事的發生、擴展，感同身受的更能融入
小說情境中，在小說結構上，營造了對強烈的空間感。

〔註4〕　黃凡著：《財閥》（臺北：希代書版公司，1990），頁5。
〔註5〕　朱天文著：〈世紀末的華麗〉，《花憶前身》，頁201。
〔註6〕　朱天心著：〈新黨十九日〉，《我記得……》，頁137。

二、中——弱化情節

　　為了凸顯小說「空間」的特性，最明顯且最有效的策略則是削弱與空間對立的時間。而要削弱小說中的時間流，以「弱化情節」為要。佛斯特的《小說面面觀》（Aspects of the novel）指出「情節」具有因果關係。而由因而果或由果而因的時間流動造成順序、逆敘的手法，以描述空間遞轉情節，使的空間成為敘述主體，不再只是背景、襯景的配角敘述。八、九○年代的作家群在小說創作上的結構安排可以讀到不少借用「弱化情節」的方式弭除小說中的時間感，進而凸顯小說空間的特性的用筆。

　　其中，弱化情節的書寫策略以朱天文、朱天心最具代表。在〈世紀末的華麗〉全文寫模特兒米亞十八歲到二十五歲的衰老，小說內容中對細節進行瑣碎描寫——以極大的文字篇幅對服飾、氣味等華麗炫爛的外在物質進行描寫。王德威稱其為「新狎邪體小說」，認為〈世紀末的華麗〉「對臺北浮華世界的白描，絢麗繽紛卻又空洞異常」〔註7〕當這些服飾、氣味的描摩全部拿掉時，整個小說內容更顯空洞貧乏。作家藉由這樣的「空洞空間」呈現出現在臺北人在浮華的物質享樂中，內心精神上空虛與貧乏。另在〈夢一途〉裡，開宗明義即說明故事所發生的場景在夢中，內容幾乎都寫夢中的新居、街道裡的空間、還有咖啡館的環境。夢的概念本就較現實掌握更為抽象，而穿梭出入夢裡，更使得「時間」／「記憶」一片模糊，作家特意以這樣的形式寫出對父親死亡的悼念。〈夢一途〉收錄在《漫遊者》一書中，黃錦樹（1967～）指出該書具有一種「懸浮」書寫：

　　　　因為至親死亡突然造成的巨大時間裂隙而被抽離開既有的座標，而
　　　　懸浮。因而在這本書中的一切便是關於懸浮存在的書寫。〔註8〕

作家內心因為至親的逝世而產生衝擊，內心的時機感因而被抽離原本的日長時間。現實中時間不斷的邁進，只好藉由夢裡的空間暫留，表達對父親的思念。黃錦樹稱寫作手法為「懸浮」，這正是一種弭除「時間」的表現手法。而在朱天心的〈威尼斯之死〉從頭到尾，皆在書寫身為作家的主角，在不同咖啡空間中所看見的各種人、事、物。此外包括在朱天文的〈炎夏之都〉、朱天

〔註7〕　王德威著：〈世紀末的中文小說：預言四則〉，《想像中國的方法：歷史‧小說‧敘事》（北京：生活‧讀書‧新知三聯書店，1998），頁390。

〔註8〕　黃錦樹著：〈悼祭之書〉收錄於朱天心著：《漫遊者》（臺北：聯合文學出版社，2000），頁7。

心的〈第凡內早餐〉、〈第凡內早餐〉、駱以軍的〈降生十二星座〉、〈中正紀念堂〉、黃凡的〈小說實驗〉及林燿德的〈氫氧化鋁〉等作品中，多採用著極端忽略了小說情節的結構方式，而藉由「空間形式」來表現在城市意象與主題。

三、尾──以空間收結

　　小說結尾的收束有許多的方式，其中「結尾以空間為中心，則可取得『餘味』效果」〔註9〕。因為以空間描寫作結，場景停留在靜止的畫面有「詩意」般的餘韻，留給讀者對於故事有無限的想像與滋味。在小說結構安排上，以「空間」的結尾方式，除了對於最後出現的場域描寫，部分「收場白」（epilogues）的對話亦含有空間描繪的元素於其中。再以空間結尾的城市生活書寫中大致又可分為四類，分別舉例如下：

（一）收結於靜止場景

　　以小說的場景收尾，最後時間靜止在角色所在的場域之中，讀者可以反芻小說角色的心情，進而達到作家想要傳達的訊息。如吳明益的〈九十九樓〉即為代表：

> 湯姆試著想像馬克的身體吊在電梯下面，這個想像沒有什麼畫面，
> 只是讓他的思緒凝結住而已。唯一的畫面就是電梯底裡的數字，不
> 斷往上跳動的數字，緩慢上升的數字。〔註10〕

小說的主角想要逃離這個令他厭惡的生活空間之中，以為搭上電梯即可通往天聽，最後場景停留在電梯空間裡，僅有數字在變動。作家透過最後角色所在的場景，出現隱喻暗示，留給讀者思考想像的空間。

（二）收結於自然風景

　　以風景作為小說的結局，閱讀視角最後由作者的文字帶往遠方的視野作收，成開放式結局，讀者慢思細味，留下餘韻無窮。比如蕭麗紅的《千江有水千江月》的結局：

> 孩子像兔子一樣竄開，一下就不見了身影；貞觀抬頭又見著月亮：

〔註9〕 黃自鴻著：《臺灣都市小說的空間黃凡、林燿德、朱天文、朱天心作品研究》，
　　　　頁12
〔註10〕 吳明益著：〈九十九樓〉，《天橋下的魔術師》（臺北：夏日出版社，2011），頁
　　　　55。

千山同一月，

萬户盡皆春；

千江有水千江月，

萬里無雲萬里天。

她要快些回去，故鄉的海水，故鄉的夜色；她還是那個大家族裏，

見之人喜的阿貞觀——所有大信給過她的痛苦，貞觀都在這離寺下

山的月夜路上，將它還天，還地，還諸神佛。〔註11〕

小說的最末，女主角貞觀到「碧雲寺」探望大妗，在孩童的歌謠聲裡，抬頭
見月亮。看到「萬里無雲萬里天」的風景落於眼前，竟有所頓悟將對大信的
情傷，一切還諸天地。於是，最後讀者隨之將情緒與角色融於天地合一之中。

（三）收結於回憶空間

「記憶」會隨著人的時間邁進而越趨印象模糊，屏除了枝節的碎亂，留下
大概的輪廓，因爲模糊而別具朦朧之美。城市述寫中以回憶空間作爲結尾，最
後的場域描述停留在過去的記憶之中，不論是好的、壞的、清晰的、朦朧的記
憶都因與現實相隔，呈現一種距離之美。侯文詠的《白色巨塔》即是如此：

蘇怡華回想起他們摸黑騎著摩托車到石門的海濱看漁火的夜晚，他

第一次吻了關欣——他也記起那個早晨，邱慶成搶走了陳欣愉的手

術，對著他意氣風發地問，蘇醫師還有什麼問題嗎？他還記得曾經

有一個黃昏在網球場邊，陳寬信誓旦旦地告訴他，準備好爲自己而

戰……單調而輕快的旋律響著，那些在世界頂端的滋味，不知怎地，

聽著聽著，竟變成了淒涼無比的感覺。陽光有些刺眼。蘇怡華雙手

掩面，終於不可自制地啜泣了起來。〔註12〕

在醫院裡經過的多次的權力鬥爭，如今主角蘇怡華坐上外科主任這多少人夢
寐以求的位置。只是景物依舊而人事已非，過去的勁敵消逝，但情人已離他
而去，過去的伙伴也一一消失身旁，如今擁有權力的一切，卻更顯寂寞，在
回憶中，他竟不能自主的啜泣以終。

（四）收結於未知想像空間

未來尚未發生，因此以想像將來空間作結尾，一方面寄託希望於未來，

〔註11〕 蕭麗紅著：《千江有水千江月》，頁382。
〔註12〕 侯文詠著：《白色巨塔》（臺北：皇冠文化出版公司，2006），頁413。

一方面增加奇幻不確定之感，情緒牽纏，讓人糾結。朱天心的〈匈牙利之水〉即是如此：

> 自然，我其實很想能在屬於我的這份分類廣告稿上加進一段《晚風》
> 的歌詞，歌詞是：
>
> 我心的愛，是否你心的夢，
>
> 可否借一條橋讓我們相通，
>
> 在這借來的橋中，
>
> 明天的我，明天的你，
>
> 能不能像今天再相擁——
>
> 有此萬全之準備，我和 A 可以放心等待，結伴以終，等到地老天荒，
>
> 等到天下黃雨，直到不見不散。〔註13〕

〈匈牙利之水〉透過我與朋友 A 的對話，以香水與身體接觸而激盪出以前的回憶。氣味引起兩人許多記憶並道出各種情緒的聯想，末了以放心期待做結，留下對未來生活的種種期待。

　　以上所述，無論人物動作靜止或是時間停駐，讀者透過作者的巧筆讓視角專注於故事的場域之中。藉著這種強烈空間感的製造，讀者在場域中思考與反芻的過程，將更容易掌握了作家藉文本想要傳達的社會關懷內涵於其中。

第二節　符號的象徵

　　城市「生活空間」的文學書寫是透過文字描摹以再現了城市空間。這樣的再現場景，由於作家取材的限制與書寫的關懷角度，當然無法完全複製一模一樣的真實城市。關於「再現空間」，列斐伏爾（Henri Lefebvre）指出是「透過相關意象和象徵而直接生活出來（lived）的空間」〔註14〕其除了聯繫社會生活的面貌，同時也扣合了藝術。作家的寫作目的不是為了還原真實的城市全貌，而是藉城市書寫以表達社會關懷，藉著「再現空間」書寫是藝術的手

〔註13〕 朱天心著：〈匈牙利之水〉，《古都》，頁 158。

〔註14〕 列斐伏爾「空間生產三元論」學說第一次論述見 Lefebvre，H.（1991a）The
Production of Space，Oxford: Basil Blackwell. p33 譯文引自王志弘著：〈多重的
辯證——列斐伏爾空間生產概念三元組演繹與引申〉《地理學報》第 55 期
（2009），頁 4。

段，所以面對城市的複雜現實空間，列斐伏爾（Lefebvre）提出以「符碼」來表徵。「符碼」係指透過各種圖像、文字等符號來傳遞特定的訊息。尤其在複雜的社會城市中，以具有高度藝術性的「符碼」來表徵城市文化的不同面向，除了更精準掌握到社會文化的涵義，還可以呈現藝術的美感。同樣以「符碼」來表徵空間的方式，也出現在伯頓‧派克（Burton Pike）的「文字的城市」（word-city）論述中：「在文學作品之中，這個意象成爲連貫一致的符號體系之一部份，而且它的意義可能與實際經驗的城市本身只有些許的關聯。」〔註15〕伯頓‧派克也承認而「文字的城市」（real-city）無法等同「眞實的城市」，但卻是作家與讀者內心的想像與投射。而羅蘭‧巴特（Roland Barthes）更將空間轉化爲符號概念，透過重新解構的城市符碼來詮釋各種「城市論述」。由上述可知作家欲透過「符碼」的空間書寫給予城市擴大、縮小、轉化、象徵、隱喻等變形以傳達城市意念。觀察八、九〇年代的作家群正是運用「符碼」的空間書寫呈現時代的內涵與特色。

一、符碼展示空間

城市空間極爲複雜，對此城市文學的推手林燿德自言在其各個不同的城市小說之中，爲凸顯城市的複雜性，會將同名人物安置在各篇小說中，同時牽涉眾多的事件與人物。這正是其所謂的「多稜鏡」、「多重編碼的空間結構」的城市書寫策略。〔註16〕在此每一個角色都是一個符號的表徵，出現在不同的篇章中，試圖呈現出城市社會裡人與人之間交錯複雜的關係。林燿德透過人物角色化爲符碼，彼此出現在不同的作品中，表現出城市空間的多元複雜性。黃凡的〈東埔街〉也以弱化情節並以各式符碼貫穿全文。小說中的符碼有：卡車、人聲、街道、打架、死亡等字眼，全文試圖以各種符號貫穿其中，呈現出城市的幽暗意象。施淑指出：

> 塞滿有形無形的物體的迷宮。在這篇敘述本身就像練習曲一樣，一
> 遍又一遍努力掌握生活的調式，努力找尋生命的音色與主題的作品

〔註15〕 伯頓‧派克的「眞實的城市」（real-city）與「文字的城市」（word-city）之論
述，見 Pike，Burton. Theimage of the city in modern literature. Princeton N.J.：
Princeton University Press，1981.p.xii.，p. i.譯文引自方婉禎著：《從城鄉到都
市——八〇年代臺灣小說與都市論述》，頁 29。
〔註16〕 林燿德著：〈八零年代臺灣都市文學〉收錄於孟樊、林燿德編：《世紀末偏航
——八零年代臺灣文學論》（臺北：時報文化出版公司，1990），頁 384。

> 裡，最終爲一切定調的是卡車的噪音，叫囂的人聲，街上追逐著的
> 垃圾、灰塵、塑膠袋，甚至連腐敗的氣味也成了有形之物。從這個
> 失去歷史，也無所謂個人記憶的物質的象形文世界裡，現實生活成
> 了沒有程式的實驗，精神活動則是歇斯底里的神話。〔註17〕

作家試圖以符號而非特定情節書寫，傳達大城市裡混亂的面向。沒有特定的城市風貌，正也是全球化之下的單一的地景呈現。在全球資本經濟下，臺北城市與城市人失去了自我，迷失在「失去歷史，也無所謂個人記憶的物質的象形文世界裡」作家以此嘲諷，而符碼也成爲了城市空間意象的一部分。

二、符碼表徵時尚

在今日強調物質享受的城市社會裡，生活中各式各樣的流行符碼成爲時尚的表徵，甚至成爲城市生活中的一部分。將符碼化爲城市時尚生活，以王文華（1967～）最具代表。王文華擅長將城市裡最流行的生活符號融入其作品之中，其作品《蛋白質女孩》中即透過文字的書寫與傳遞，將各種流行符碼呈現其中。以幽默風趣的口吻寫下時下都會男女情事的攻防，令讀者樂趣無窮。《蛋白質女孩》先道出臺北城市裡「中產階級」的時尚生活型態是：

> 回國後都在外商做事，每個人都有英文名字。生活範圍局限在臺北
> 東區，沒有 Starbucks 就活不下去。喜歡看 Discovery，沒聽過霹靂
> 布袋戲。〔註18〕

受到西方資本主義的影響，待在「外商」公司有一種優越感，成爲許多城市人就業的首選。在公司裡面的稱呼不再使用自己本名，而是以「英文」互稱。整個臺北城市的的東區生活充滿濃厚的西洋風情。「Starbucks」不只是咖啡的品牌更是時尚品味的象徵，「Discovery」的電視頻道也不只是知識節目的介紹，更是知性生活的展現。在城市生活裡「Starbucks」、「Discovery」都成爲九○年代以來臺北時尚生活的符碼象徵。

接著王文華在《蛋白質女孩》中更以符碼將城市男女作爲分類。如小說中作家以「冰箱」作爲符碼，透過冰箱的特徵來書寫城市裡追求時尚的粉領新貴：

〔註17〕 施淑著：〈反叛的受害者──黃凡集序〉收錄於黃凡著，施淑編：《黃凡集》（臺北：前衛出版社，1992），頁 10～11。
〔註18〕 王文華著：《蛋白質女孩》，（臺北：時報文化出版公司，2000），頁 162。

> 她們雖然有令人跌倒的美麗，卻冷酷得讓我們不敢靠近。像冷凍庫內
> 的霜，她們白得令人緊張，原因是小時候艷陽高照的體育課，她們都
> 躲在教室內自習。於是她們考上北一女，臺大畢業後留學紐約或洛杉
> 磯。她們聽歌劇、看達利、吃 yogurt、講話時習慣把聲音放低。在滿
> 街檳榔的臺灣，她們用具有法文風味的名字，Yvonne、Josephine，每
> 個名字聽起來都像一種化妝品。她們跟人約在只有英文名字的餐廳，
> 堅持喝某種牌子的礦泉水，有沒有氣泡，有時會要她們的老命。她們
> 穿黑色、逛誠品、上健身房、看 Discovery。〔註 19〕

追求時尚的粉領新貴美麗且善於打扮，但卻冷豔而白皙的像冰箱的冰霜讓人
難以靠近。他們受最好的教育，展現最高的生活品味：取優雅的法國名字、
吃高檔的外國餐廳、只喝知名的氣泡飲料。作家以「黑色」的優雅、「誠品」
書店、「健身房」裡的運動、「Discovery」的知性節目等，這些時尚符碼包括
色澤、品牌、概念、流行等凸顯出追求時尚的都會女子的品味。

　　有追求時尚的粉領新貴，也有屬於中產階級的「小資女孩」，小說以「蛋
白質女孩」的符碼表徵。文中形容這種女孩像「蛋白質」一樣健康、純淨、
營養且圓滿，這類女孩沒有「冰箱」女孩般的冰雪美豔，但跟她在一起會很
有營養，會讓另一半長的又高又壯。小說中的安娜蘇就是這樣的典型：

> 我知道這種女人（蛋白質女孩），典型的中產階級，拿到信用卡的帳
> 單立刻付清，半年前就開始等待三天的連續假期。為 TVBS 又播艾莉
> 的異想世界而高興不已，整天讀 EQ 的書卻沒摸過男人的鬍鬚。〔註 20〕

在這樣充滿各式各樣符碼的時尚臺北生活空間裡，作家甚至戲謔的口吻，嘲
諷城市人的擇偶標準不是感情，而是物質：

> 那些女人拒絕的不是你，而是你的階級。……哪些女人和我們不屬
> 於同一聯盟。在以英文名字互稱的公司上班的女人、公司有「助理
> 副總裁」這種頭銜的女人、辦公室在二十樓以上的女人、用「Project」
> 這個字眼來描述手邊工作的女人、迷戀財務槓桿或其他大型槓桿的
> 女人、懂得「臺股期指」和「殖利率」到底是什麼東西的女人、義
> 大利字知道得比英文字多的女人、頭髮挑染成紅棕色的女人、去香
> 港的頻率超過去萬華的女人、因為認真而美麗的女人、e-PHONE 廣

〔註 19〕　同前註，頁 13。
〔註 20〕　王文華著：《蛋白質女孩》，頁 43。

告中的女人、……穿黑色內衣的女人、戴紫色墨鏡的女人、家裏有
兩面鏡子以上的女人、有行動電話卻從不開機的女人、去過瑞士的
女人、會咬著一根紅玫瑰跳探戈的女人、吹長笛或彈鋼琴的女人，
還有任何知道 S&M 不代表 Sales&Marketing 的女人。〔註21〕

一句「那些女人拒絕的不是你，而是你的階級」道出城市人愛慕虛榮的表現。
重視頭銜與穿著，滿嘴的商業經，生活的一切無不崇洋媚外。各種流行符碼
是虛華包裝之下的外衣，王文華用以在小說裡以側寫出九○年代的臺北城市
生活。

　　善於在小說中以各式品牌符碼表達時尚的流行文化，除了上述生活中充
斥著信用卡帳單、旅行的假期、歐美影集「艾莉的異想世界」、時尚雜誌《EQ》
的個性溫良恭儉的「蛋白質女孩」標示著城市中的「小資女」族群。還有朱
天文〈世紀末的華麗〉裡環繞著「山本耀司」、「三宅一生」、「金子功」，這些
以知名設計師之名所創立的品牌所堆砌的「華麗女」的生活品味，其中，以
設計師之名本身就是時尚流行的代碼。〈尼羅河女兒〉去知名流行商場「ＡＴ
Ｔ」購物，買下要花一個月打工薪水的「reebok」知名運動品牌球鞋。而朱天
心的〈第凡內早餐〉裡更渴望獲取「Tiffany's」品牌的鑽石。透過作家的流行
品牌的符碼書寫，呈現出臺北城市生活的流行品調與潮流時尚。

第三節　風格的呈現

　　風格是藝術家個人魅力的表現。在文學作品中，作家透過文字書寫將個
人魅力展現其中。一樣的主題，由不同的作家書寫而下，皆有不同的風格。
風格也會受到時代環境的影響及個人的成長階段不同而有所差異。當一個時
代某一類思潮興起，作家群感同身受，或模仿、或學習，進而成爲一個時代
的文學風潮。如：六○年代現代主義興起時，白先勇、王文興、歐陽子等人
接受影響創作，有「現代文學」的生發；七○年代，王禎和、黃春明、陳映
眞等人以寫實技巧爲不同階層，尤其底層人物發聲，有「鄉土文學」崛起。
還有作家個人因成長階段、時代體驗、環境變遷而風格改變的如朱天文：早
期學生時期是青春洋溢的少女情懷之作，畢業之後多了一份社會關懷，與時
空環境的奏變，作品風格變而爲表現批判，甚至反抗的寫實。

〔註21〕　同前註，頁 51。

　　進入八○、九○年代後，城市的社會環境變動劇烈，新的文學思潮引入，作家以各種角度觀察、感應他們所處的環境社會，而開始以各種書寫技巧和態度來反映社會、抒情寫志。有人延續傳統的寫作風格書寫，如：李渝作品的懷鄉風格，是五○年代懷鄉琦君等作家風格的重現；朱少麟作品中的內心探索，是六○年代現代主義白先勇等作家風格的延續；鄉土文學時期的陳映真進入八○、九○年後依舊以寫實的風格繼續書寫，題材更向前推進到城市。除此之外也有不少作家結合新的文學思潮，以新型態的作品風格呈現。每一位作家都在尋找最適合自己的創作風格，紛紛引領讀者進入他們所關懷的主題與領域。以下筆者歸納整理八○、九○年代在臺北城市「生活空間」的文學書寫下，新興文學作家作品的風格。

　　為了凸顯空間的特性，作家們逐漸「拋棄人物、行動、主題建築、敘述順序、最後拋棄想像本身等因襲觀念」〔註22〕的傳統小說的書寫方式，從中蛻變演化造就了後設風格的小說誕生。「後設小說」（metafiction）是一種透過自我意識的覺醒方式，以凸顯書中虛構的錯覺感。帕特里莎・渥厄（Patricia Waugh）指出：

> 賦予虛構性創件的一個術語，這些創作在有自我意識地和系統地把注意力引向它作為藝術事實的地位，以便於就虛構與現實的關係提出詢問。〔註23〕

後設小說強調創造者走入文本中，並在虛構與現實之間互相驗證。其背景是對於寫實主義（現實主義）的的反動：

> 對現實主義的成規再檢驗，目的在於發現——通過它的自我反思——一種虛構形式，一種在文化上與讀者相關，又是讀者可以理解的虛構形式。為了讓我們知道文學虛構是怎麼創造想像世界的，後設幫助我們理解我們日復一日所生活在其中的現實是怎麼同樣被構成的，怎麼同樣被「寫成」的。〔註24〕

寫實主義文學強調作品真實反映社會面貌，然而在後現代主義思潮裡，對於

〔註22〕　科林柯維支（Klinkowitz, Jerome），秦林芳譯：〈作為人造物的小說：當代小說中的空間形式〉，（北京：北京大學出社，1991），頁55。

〔註23〕　帕特里莎・渥厄（Patricia Waugh）著，錢競、劉雁濱譯：《後設小說：自我意識小說的理論與實踐》（臺北：駱駝出版社，1995），頁2。

〔註24〕　帕特里莎・渥厄（Patricia Waugh）著，錢競、劉雁濱譯：《後設小說：自我意識小說的理論與實踐》，頁22。

文本的客觀現實世界給予否決，主張小說是虛構的創造，不可能、也無法將真是世界全部展現，洪鵬程指出：

> 「後設小說」的創作意義，表達了對寫實主義「寫真」的質疑，而它的突破性作法，即是為了凸顯作家在創作時的自覺行為，並且打破文字的權威性，嘗試解構小說的傳統模式，再加以多元呈現，提供小說創作的開放性思考。〔註25〕

文學是表現世界的「話語」，用以探索小說世界和真實世界小說的關係。後設作家對語言文字創造的擬真世界，抱持的懷疑態度，也因此趨使作家投身文本以進行探索。八○、九○年的臺灣文學進入了「眾聲喧嘩」的時代，在後現代主義的思潮帶入後，產生對文本的質疑。加上對前一時期「鄉土文學」寫實主義的反動，進而開啟了臺灣後設小說風格的誕生。

　　八○年代臺灣城市「生活空間」書寫也出現了後設小說風格，以張大春的〈公寓導遊〉最具代表。小說中沒有一位主要的角色，每一個出現的人物都只是片段殘語而非完整的人物敘述。敘事者的角度也隨著人物的替換而有所變動，所有人都在公寓裡遊走與生活。「公寓」，是八、九○年代臺北城市生活的重要表徵〔註26〕，一棟小小的公寓空間裡裡住著數十戶住家，是臺北擁擠城市的象徵。作家巧妙運用小說敘事觀點的游移來探索城市如迷宮般的公寓空間，再由公寓空間進而拓展到整個城市的空間，一層一層交織出臺北城市複雜世界。而在錯綜複雜的人物角色又碰撞重疊著，由比鄰而居的近距離的隔閡冷漠凸顯出城市人精神以及關係互動上的疏離與孤獨之感，這也正是作家想關注的城市課題之一。透過後設風格的技巧運用正是作家以戲謔的方式引領讀者進入關心或焦慮的「複雜的城市反映多變的社會現象」課題，在此，後設成為了一種手段。楊照指出：

> 最值得掌握的現實究竟是什麼？這個疑惑在都市小說的關切之下喚起眾聲喧嘩的答案，構成這個世紀末臺灣文壇的交響主題，它們是遠比七○年代以前質樸單純的懷舊愁鄉、感時憂國更令人錯愕的、也更令人不得不逼視的迷宮，挑戰著小說家面對赤裸裸的各種鬥爭

〔註25〕洪鵬程著：〈試論八○年代臺灣後設小說的定位：以張大春《公寓導遊》與《四喜憂國》為分析對象〉《新竹教育大學人文社會學報》第5卷，第1期（2012.3），頁82。

〔註26〕參考本論文「第七章　八、九○年代臺北『生活空間』文學書寫中的住與行」。

> 與支配課題：權力、資源、財富、性和身份認同。他們蝟集於都市，
> 構成難以辨認的糾結體，也反而勾引小說家放棄那個「最值得掌握
> 的現實是什麼？」的疑惑，他們自己構築現實，經營歷史，甚至顛
> 覆小說家敘述的本質。〔註27〕

權力、資源、財富、性和身份認同等各式各樣的鬥爭與支配社會問題接踵而來。作家的書寫過程中對現實產生的疑惑，作家／敘事這由真實界觀察虛構界，甚至進入文本，讓讀者感受到、閱讀著整個書寫過程。這樣的後設書寫正也呼應的這時期的社會與文學思潮，成了八○年代新興的創作風格。

新興的創作風格後設書寫技巧中，以「真實」與「虛構」的互證論辯為其特色。而魔幻寫實的技巧運用也手法別出，張大春的〈飢餓〉採用「變形」的方式呈現出經濟起飛後城市文明的畸形怪異：廣告快速發展，人們不停的被廣告滲透受其遷就而選擇決定，就像巴庫的遭遇一樣。小說中用魔幻鋪寫現代人被滿溢出來的物質吞噬淹沒的都會情境，小說中能吞食各種物品的原住民巴庫，因為嚮往一個可以自由自在，想幹什麼就幹什麼的大城市，到了臺北都會，卻發現所謂的大都市生活只是「充塞在他身體和腦袋裏的是種種大小不一、形狀古怪的空間，有的是房間、有的是電視，有的是餐館（或者是餐廳的模型），有的是碗、盤一類的容器。」〔註28〕來到臺北城市後，巴庫將各種的物質全部塞入的肚子裡，透過其身體的變形書寫，反映被大量的物質入侵的城市空間，對繁榮的臺北生活給予極大的嘲諷。黃凡的〈二○○一年臺北行〉則是寫下對十年後的臺北異質想像，故事描寫在未來2001年時主角黎芬齡引導大陸來的姪女遊臺北時所突顯的臺北空間圖象。臺北東區成了一個由電腦資訊主宰一切的地點，它繼續被高級化與高科技化。東區成為一個「一條兩旁蓋滿卅層以上大樓的街道。天空晴朗，但只能看到藍天的一角，街道口盡頭也是一排樓房。」〔註29〕人類對未來生活充滿憧憬，黃凡透過對十年後臺北提出城市想像的異質書寫。試圖呈現未來的城市風貌。在「異質的書寫」筆下的臺北城市空間，似臺北又非臺北的真實模樣。

作家試圖由不同的變形樣貌書寫臺北，是經由八、九○年代的臺北城市

〔註27〕 楊照著：〈從「鄉土寫實」到「超越寫實」──八○年代的臺灣小說〉，《夢與灰燼──戰後文學史散論二集》（臺北：聯合文學出版社，1998），頁122。

〔註28〕 張大春著：〈飢餓〉，《四喜憂國》（臺北：遠流出版公司，1996），頁221～222。

〔註29〕 黃凡著：〈二○○一年臺北行〉，《東區連環泡》，頁43。

「實景」穿透而出，作了未來城市的想像。臺北的異質想像空間書寫也出現在駱以軍的小說之中。他常以「不規律地穿梭進出這幾個不同的時間架構」〔註30〕來呈現出一種異質的空間書寫。如在〈降生十二星座〉中，以電玩的虛擬空間與現實的世界不斷的虛實交錯。作家在小說裡操弄空間與時間，主角在其中重複、跳躍、快轉、穿梭。楊凱麟稱其為「既解謎又築謎的巴洛克式運動」〔註31〕，作家的書寫策略揚棄傳統裡的線性敘事結構。〈降生十二星座〉不再是單一的平面，在虛擬遊戲世界裡衝刺各種五光十色與聲光效果，作品以光與影構成了華麗而繁複的景象，令人陶醉其中。〈降生十二星座〉除了呈現城市人的內心疏離之感，同時也寫下外省第二代的內心渴望。虛擬世界裡的美好、時間的暫停、遊戲的重複，藉由文本滿足現實生活世界的國族失落，期望時間可以停駐，凍結在那一切美好的舊時代。

　　九○年代朱天心在〈古都〉中更將此特色書寫風格發揮到極致。每個作家都有不同的關心課題，在〈古都〉裡朱天心欲關心城市「生活空間」中國族思辨的課題。作家在城市空間裡以「眞實」與「虛構」交錯，透過作者有意或無意的變形書寫，小說作品中所呈現出的空間，是讀者所熟悉的場域，但似乎又有那麼不眞實的感受在其中。這是後設小說裡的異質空間的呈現。就像鏡中的世界一樣，看似與眞實世界相同，但又存在左右相反的差異性。傅柯（Michel Foucault）稱其為「一種有效制定的虛構地點」：〔註32〕

〔註30〕楊照著：〈年少卻蒼老的聲音──評駱以軍的小說集《我們自夜闇的酒館離開》〉，《民眾日報》第24版，1994.1.29。

〔註31〕楊凱麟著：〈時間中的被侮辱者與被損害者〉，《印刻文學生活誌》2005.12，頁75。

〔註32〕有關米歇·傅寇（Michel Foucault）異質空間概念中虛構地點與差異地點之論述，參見米歇·傅寇著、陳志梧譯：〈不同空間的正文與上下文（脈絡）〉，夏鑄九、王志弘編譯：《空間的文化形式與社會理論讀本》（臺北：明文書局，1999），頁402～408。相關論述另參索雅（Edward W. Soja）著、王志弘等譯：《第三空間》（臺北：桂冠圖書公司，2004），頁207～219。必須說明的是米歇·傅寇該文原為演講稿，其所界定兩個主要異質地方的範疇為：「危機」異質地方（乃指有特權或神聖或禁制的地方與位址）與「偏差」異質地方（指行為偏離要求之規範者，被安置的所在，如監獄、精神病院、養老院等）。但上述這兩者是否涵蓋了一切異質地方，傅寇並未說明清楚，是以所謂的異質地方並沒有絕對的普遍模型。本文擇取其異質空間之界定，乃取其相對於其他所有空間的功能與特徵：一，其角色在於創造幻想空間，以便揭露所有的眞實空間，亦即人類生活在其中區隔分割的所有位址，其實是更為虛幻；二，反過來，其角色在於創造另一個完美的、精雕細琢、安排妥當的眞實空間，以襯顯我們的空間是如此污穢、病態和混亂。

於其中真實基地與所有可在文化中找到的不同真實基地，被同時地
再現、對立與倒轉。這類地點是在所有地點之外，縱然如此，卻仍
然可以指出它們在現實中的位置。由於這些地點絕對地異於所有它
們的反映與討論的基地，並因它們與虛構地點的差別，我稱之為差
異（或譯異質）地點（heterotopias）。

傅柯指出文化中真實基地「被同時地再現、對立與倒轉」故與真實基地不同，
雖然不同但根據經驗法則「仍然可以指出它們在現實中的位置」由於這樣的
地點異於「它們的反映與討論的基地」，故傅柯稱之為異質地點（heterotopias），
即是本節所說的「異質空間」。臺北城市的空間書寫，雜融真實的地點、作家
的記憶、歷史的想像、虛構的情節於其中，其文學空間的展現如同一面鏡子
作為現實中的一個「異質空間」。當讀者凝視文本的世界，就如同鏡中的世界
一般，似乎使讀者感覺所在之處成為絕對真實，和周遭一切空間相連，同時
又絕對不真實，因為要能感受感知它，就必須穿透存在於那裡面的虛像空間。
故作家在書寫的同時融攝物質（真實的）和心靈（想像的）兩種空間想像的
領域，而另闢異質的鏡像城市空間，藉由文本所構設非真實／虛像而確實存
在於地理中的臺北城市，再次凝視並重構了生活經驗與記憶中的城市臺北。

　　〈古都〉就是一個老靈魂遊走城市的故事。其中，敘述一個年近四十的
中年女性，遠赴京都去等待與學生時代好友的重聚，然而朋友爽約，假期提
早結束，她便以觀光客的姿態回到臺北。對她而言，雖然生長在臺北，但京
都是她生命中的一部份她熟門熟路，彷彿從來不曾遠離，「它總是在那兒，真
是讓人放心。」反觀她的故鄉臺北，在號稱現代化與進步的建設之下，所有
記憶中的片段均被摧毀殆盡。小說一開始即言「難道，你的記憶都不算數……」
一語道破作者今日與以前的臺北空間裡人、事、物的認知。接著以七個「那
時候」點出了記憶中美好的臺北：

　　那時候的天空藍多了，藍得讓人老念著那大海就在不遠處好想去，
　　因此夏天的積亂雲堡雪砌成般的顯得格外白，陽光穿過未有阻攔的
　　乾淨空氣特強烈，奇怪並不覺其熱，起碼傻傻的站在無遮陰處，不
　　知何去何從一下午，也從沒半點中暑跡象。

　　那時候的體液和淚水清新如花露，人們比較願意隨它要落就落。

　　那時候的人們非常單純天真，不分黨派的往往為了單一的信念或愛
　　人，肯於捨身或赴死。

那時候的樹，也因土地尚未商品化，沒大肆開路競建炒地皮，而得以存活得特別高大特別綠，像赤道雨林的國家。

那時候鮮有公共場所，咖啡館非常少，速食店泡沫紅茶 KTV、PUB 更是不用說，少年的只好四處遊蕩猛走，但路上也不見人潮洶湧白老鼠一般。

那時候的夏天夜晚通常都看得到銀河和流星，望之久久便會生出人世存亡朝代興衰之感，其中比較傻的就有立誓將來要做番大事絕不虛度此生。

那時候的背景音樂，若你有個唸大學的哥哥或姊姊，你可能多少還在聽披頭四。要是七○年代的第一年，那麼不分時地得聽 Candida，以及第二年同一個合唱團的敲三下，若是六九年末，你就一定聽過 Aquarius，電視節目《歡樂宮》裡每播三次準會出現一次的那個黑人合唱團 The 5th Dimension。再早一點的話，你一定聽過學士合唱團的〈Can`t take my eyes off you〉，錯過這首的人，十年之後可以再在《越戰獵鹿人》裡的那場酒吧戲聽到。〔註33〕

記憶的消逝之外，疏離的族群，身為外省第二代的她並不明瞭，如果這塊生活多年的土地不是她的故鄉，那麼她的故鄉又在哪裡？當她面對著及覺察到：

這些改建的房子們，後來被未體原意的租房買賣人給改得讓人難以窺其原意，鐵窗、冷氣、甚至市招把立面徹底毀容，混凝土顯得髒兮兮的令人想到樓梯間一定有一堆吸毒針管；難得退縮設計所保留的空間，被停滿摩托車和黃昏水果攤和鹽酥雞；還剩一點點味道的，與濟南路平行的忠孝東路三段十巷，清水混凝土好佳在沒被貼馬賽克或二丁掛，並保留了會帶來光影變化的植物群，只窗子換成透明櫥窗……〔註34〕

因此，文末，她惶惶，不知該何去何從。

駱以軍指出「朱天心的動員不同時光重瞳凝視，剝解，漫遊一座城不同身世、記憶、物質史的『萬花筒寫輪眼』即已臻極限」〔註35〕，透過小說內

〔註33〕 朱天心著：〈古都〉，《古都》，頁 160～161。
〔註34〕 朱天心著：〈匈牙利之水〉，《古都》，頁 229。
〔註35〕 駱以軍著：〈豐饒複雜之心靈地貌〉，《九十八年小說選》(臺北：九歌出版社，2010)，頁 14。

容的「異質空間」書寫可以歸納出來,「記憶的臺北」、「當下的臺北」和「京都」三個空間面向。構成三角錐底面的三個支撐點,它們都有一個在現實生活中可具體描繪的城市,作爲描述的對象,不論是「記憶」的或「當下的」臺北,「這時候」或「那時候」的京都;然而,儘管這共同的都市是在現實生活中出現的,卻也是朱天心筆下所架構的小說空間。而許多描述來自敘述者的想像,其行走於徒步區與廣場,每個呈現的空間特色也不同。〔註36〕〈古都〉裡考察日本殖民時期的臺北地名與今昔空間的交疊並細描異鄉古都作爲共和國空間想像的藍圖。蘇佳韻指出:

> 朱天心更時時以(僞)百科全書的知識(所以爲僞百科全書式,是緣於敘事者不時以記憶的差錯、史料的訛誤。)並作傅柯式的知識考古,使真實與想像的界線模糊,現實與夢想參差對照,過去與現在互相跨界,對時間過往的追憶轉化爲對空間移置的追尋。〔註37〕

這樣的空間的呈現正是列斐伏爾(Henri Lefebvre)所謂的「絕對空間」(absolute space),即是指在歷史的累積中已經被賦予固定社會與政治意義的空間,也是國家認同建構必要的一種空間製造與呈現。九〇年代臺北城市空間的書寫中,其最大特色就是這種絕對空間的逐漸消失,歷史與空間所構成整體感與歸屬感也隨之幻滅。逐漸取而代之的是後現代城市在資本主義的控制下所形成的「抽象空間」,城市非但不是家,連生活在其中的人民都難以理解。九〇年代的臺北是一個逐漸受國際資本抽象化的後現代城市,在其中熟悉的空間逐漸變得陌生化,而原本應當陌生的空間卻是每日生活中熟悉的環境。

　　朱天心運用後設風格小說裡的異質空間書寫,在城市空間中凸顯出這個重要課題,尤其在後現代社會中逐漸全球化的城市,國族史與國家身分認同建構成爲城市文化的難題。九〇年代以後的臺灣社會政治分裂、族群撕裂,作家透過作品重新思索九〇年代的臺北城市書寫,尤其在本土意識強強勢的潮流中,對於臺灣的國族認同思考脫離了過去的傳統模式,並賦予全新的城市內涵。也就是說,當臺灣鄉土經驗與過去的人民記憶強調臺灣不是想像中的中國時,九〇年代的小說作品則透過對於臺灣後現代城市空間的呈現告訴

〔註36〕賴奕倫著:〈記憶的羊皮書卷—朱天心《古都》的臺北地景考略〉《中國現代文學季刊》第 2、3 期合刊,2004.9,頁 103〜131。

〔註37〕蘇佳韻著:《朱天心作品中文心的一致性》(臺北:國立政治大學國文教學碩士論文,2013),頁 100。

讀眾，臺灣也已經不是想像中的臺灣。後現代社會的發展促使歷史爲中心的思考，逐漸以空間爲中心的思考所取代，一如國家的重要性逐漸轉移到經濟與文化中心的全球化城市一樣。但是城市空間與文化對於臺灣急於建構的國族認同所帶來的最具體的影響，就在於依賴國族建構所必須依賴的歷史敘事無法將城市的複雜性化約，納入國族的歷史之中。城市空間的複雜性，尤其是後現代城市文化，拒絕被歷史化約統一。對此作家透過作品對臺北的「異質空間」書寫，以表達懷舊之意，同時對於臺灣的現代化的發展提出質疑。

小　結

　　文學創作是「眞實」與「想像」的組合，尤其是小說的創作更是虛實相容。小說常在虛構的故事情節中，融入眞實的元素，保留特定場景及人物性格，或給予變形的方式出現，透過故事的書寫以彰顯作家的關懷主題。八、九〇年代的臺北城市空間裡社會文化變動劇烈，每個作家都欲以各種不同的書寫策略來凸顯主題，並獲得社會關注。首先在「結構安排」上，爲了凸顯臺北城市「生活空間」的特性，如黃凡的《財閥》還有朱天文的〈新黨十九日〉會以空間作爲小說開頭以強化小說的空間感。此外還有以弱化情節的方式，弱化小說裡的時間感，包括朱天文的〈世紀末的華麗〉、朱天心的〈夢一途〉、〈炎夏之都〉、〈第凡內早餐〉駱以軍的〈降生十二星座〉、〈中正紀念堂〉、黃凡的〈小說實驗〉及林燿德的〈氫氧化鋁〉都採這樣的書寫策略。最後在結尾部分，分別以空間收結，如吳明益的〈九十九樓〉收結於靜止場景，蕭麗紅的《千江有水千江月》收結於自然風景，侯文詠的《白色巨塔》收結於回憶空間，朱天心的〈匈牙利之水〉收結於未知想像空間，在此，作家透過各種空間收尾方式呈現出空間的感知。

　　而在文本符號的書寫策略中，黃凡的〈東埔街〉以街道上的事物化爲符碼以展示城市空間的單一性。王文華在《蛋白質女孩》中則將符號的流行性發揮到極致，表現出臺北時尚及品味。如其他朱天文〈世紀末的華麗〉裡的「山本耀司」、「三宅一生」、「金子功」，朱天文〈尼羅河女兒〉裡的「ATT」、「Reebok」，甚至有朱天心的〈第凡內早餐〉「Tiffany's」鑽石，都是臺北時尚生活的「極品」的呈現。而在風格上的書寫策略裡，有作家延續傳統，如：李渝作品的懷鄉風格、朱少麟是六〇年代現代主義的延續、陳映眞進入八〇、

九○年後依舊以寫實風格著稱。而在新興的思潮與對鄉土文學的反動中，後設風格小說興起，張大春的〈公寓導遊〉以後設的風格引起讀者對城市人際關心的共鳴。而他的〈飢餓〉與黃凡的〈二○○一年臺北行〉復以魔幻寫實的風格手法表現城市空間裡的城市人的錯亂之感。步入九○年代後，省籍的撕裂、國族的懷疑日趨嚴重，朱天心在〈古都〉中以異質的書寫策略對社會提出吶喊等等。總結而觀，八○、九○年的作家群，均以各式不同的書寫策略，試圖在「眾聲喧嘩」的時代，分別佔有一席之地。

第十一章　結　論

　　文學是社會的反映，文學雖無法還原整個社會的全貌，但文學可以由不同的角度審視、多元的面向觀照社會，以達見微知著、一葉知秋的社會功能性。八〇年代以降，在臺北城市空間裡，不論是外在的硬體建設設施，還是內在的市民精神生活，皆有強烈的變動。透過作家的觀察，從不同的觀點省視城市空間裡的人、事、物，以文學書寫而下一篇篇優秀作品。帶領讀者關懷這座我們所居住的城市課題，是作家的使命。綜觀八、九〇年代臺北城市「生活空間」文學書寫之研究，為求達到能更全面的了解作家作品的書寫意義，筆者由外緣研究著手，先了解文學書寫的背景，再進一步由內緣探討作品的文字內涵，藉著歷史研究法、內容分析法及文本分析法等三種人文科學的研究方式以剖析文本。

一、外緣背景研究

（一）城市學與城市空間的理論建構

　　隨著城市的發展迅速而衍生出各種城市生活問題，不少學者提出觀點與論說，從一開始的個人研究進而群體研究而有「芝加哥學派」的產生。在學派中學者專著於城市各領域研究，其中列斐伏爾的「空間生產三元論」、葛瑞哥里的「權力之眼」、索雅的「第三空間」及大衛·哈維的「空間分析架構」建構起「城市空間」研究的重要基石，亦是本論文的空間研究學說的重要依據。

（二）臺北城市「生活空間」書寫的時代發展

　　臺北的現代化城市自日治時期開始，其城市「生活空間」的文學書寫也油然而生。隨著時代的演進，城市書寫也逐漸走向成熟。首先在「萌芽期」

因歷經的政權的輪替，在政經環境均異的過程在區分為日治時期與戰後初期。萌芽期的城市空間僅只是小說主題的背景。進入六、七○年代的「發展期」後，因文學思潮的不同，前期現代主義興盛，後期鄉土文學崛起，而區分為六、七○年代兩時期。發展期的城市空間書寫著墨越來越多，開始書寫城市人的內在精神感受，但後期資本經濟的崛起，以二元對立的方式將城市污名化。進入為八、九○年代林燿德宣布城市文學的時代到臨，不論是政、經、社會文化，還是臺北城市生活均有大幅的的改變，城市書寫也隨之邁向成熟。

二、內緣文本探討

（一）探討小說文本中的臺北「城市地標」文學書寫

　　城市地標最能凸顯一座城市的特色精神與印象。為八、九○年代的臺北是最繁華的商業城市，在商業地標——中華商場的文學書寫中，由商場的興而衰見證城市的演進，同時也看見臺北人成長的記憶與不捨的回憶。臺北是全臺的政治中心，象徵政治核心的地標——總統府的文學書寫下，看見由威權而真民主的時代邁進歷程。臺北是全臺的交通樞紐，在交通地標——臺北車站的文學書寫中，看見城市人的繁忙生活與壓力，還有北上打拼遊子的身影所在。臺北也是藝文城市，藝文地標——故宮博物院的文學書寫中，體現中華文化的人文之美的展現，亦是臺北人文藝氣息的約會聖地。

（二）探討小說文本中的城市「食衣住行育樂」生活的文學書寫

　　食衣住行是人的物質生活所需，育樂則是精神生活的渴求。在「食」的生活空間書寫中，高檔餐廳的進駐象徵著城市的繁華與進步，速食連鎖店的興起見證資本經濟全球化的到臨，而國民平價美食是在地文化的特色，在八、九○年代咖啡文化的興起，咖啡空間更成為人文氣息的藝文場所。「衣」的生活空間書寫中，城市人透過「衣文本」穿梭城市空間，展現時尚與流行；而鑽石的華貴，使即使是小小的地下室生活場域，都更顯光彩奪目。「住」的生活空間書寫中，先看見城市建築的高大與壯闊，然而在空間居住生活的城市人，更顯疏離與寂寞。「行」的生活空間書寫中，先寫下了臺北城市擁擠的交通空間，再寫出人們在移動空間汽車、公車裡的百態之樣；此外由城市的街道空間的改變，更可看見世代交替的面貌。「育」的生活空間書寫中，城市生

活的家庭養育空間失衡，以致青少年犯罪急遽攀高；而在圖書教育裡城市的
書店與圖書館發達，城市裡的人，連孩童的知識水準都與眾不同。「樂」的生
活空間書寫中，可以看見室內的夜生活娛樂，尤其酒吧與舞廳的夜夜笙歌是
城市裡的迷情。而在戶外的休閒活動中，國父紀念館與中正紀念堂是城市裡
少有的廣場空間，有藝文活動舉辦，也有社會運動的抗爭。陽明山是臺北的
後花園，而淡水河是臺北的母親之河。透過作家的生活空間書寫，可以了解
八、九〇年代臺北城市生活的多彩樣貌。

（三）探討小說文本中生活空間的文學特色與策略書寫

　　解嚴後的臺北城市成為了「眾聲喧嘩」的時代。在社會文化上對現有體
制作各式各樣的衝撞，其中「性解放」的思潮最為劇烈，不在受到傳統禮教
的束縛，這是人文自覺的展現。這樣的社會氛圍下，表現在這時期生活空間
裡的特色以——「情慾流動」的文學書寫最為顯著：包含人與人之間的情愛
在空間裡的大膽描繪、對性產業「情色空間」的正視、同志「情慾空間」的
關注，還有城市「性犯罪空間」的側寫。為了凸顯空間在城市裡的特性，作
家在小說結構安排上，特別在小說的開頭及結尾強化「空間」內容書寫以增
加讀者閱讀時的空間感知。此外許多作家會以「弱化情節」的手段，以削弱
時間來凸顯空間，也形成了小說散文化的特色。面對複雜的城市環境描述，
作家在文本以符碼的表現手法，呈現出城市空間的喧囂之樣。同時也藉由各
式的流行符碼，呈現當代的生活面貌。最後在生活空間的風格呈現上，有作
家沿襲傳統的創作風格，也有作家採取新的後設風格、魔幻寫實等，以異質
書寫來顯示文本裡的空間特性。

三、本論文之研究目的與成果

　　據上述研究與探討，呼應第一章之研究目的，筆者歸納下列研究成果：

（一）瞭解城市地景的變遷

　　臺北城市的生活空間，短短數十年變化迅速。作家以文筆側寫城市的地
景變遷，試圖以「文字的城市」達到城市的「再現空間」。對臺北西區的沒落
描述、對臺北東區的崛起刻劃，作家之寫作目的並非要還原「真實的城市」，
而是藉地景史蹟變遷之貌喚起對城市文化的感知，進一步體認到城市的內涵
與價值。

（二）體現城市人文的風貌

文學書寫的主要目的，最終仍是要回歸到對「人」的書寫。在八、九○年代臺北城市「生活空間」的文學書寫中，藉由空間中的人、事、物描摩，仍是要彰顯出這個時代臺北城市人文特性。這一時期作家特別關注城市人的精神生活，在繁華的物質享樂下，城市人卻更顯空虛與疏離。社會的紛亂、族群的撕裂，人性的幽暗使城市空間裡的文學書寫裡，多了更多的不確定感，甚至寫下對自我價值的混淆與質疑。作家藉此文學書寫喚起讀者對人文的關懷，重新體認與思考，在瞬息萬變的今日城市生活中，我們要如何安頓自己，安頓好我們的人生。

（三）刻劃城市文化的多元

解嚴後的臺北城市看似混亂的「眾聲喧嘩」，令人為之煩悶。但民主的真正內涵，本就是多元意見的陳訴且尊重與包容。在八、九○年代臺北城市「生活空間」的文學書寫中，作家寫出城市裡不同的文化價值觀：拜金、物慾、物質崇拜、性解放、同性戀、民族自覺、政治狂熱……等。作家刻劃出城市文化裡的多元價值面面觀，在「眾聲喧嘩」的表現裡，讓人們學會了包容與尊重的民主素養之展現。

四、本論文之價值與文獻貢獻

（一）凸顯「空間書寫」之文學價值

小說的社會功能是要反映時事，當讀者閱讀而引起共鳴方能產生目的。傳統小說的書寫策略中，為了使讀者對文本的閱讀與理解更容易接收。故內容著重於因果關係的「情節」書寫，以致時間研究成為主流學說。八○年代已降，臺北現代化城市興起，龐大複雜的城市社會文化成為了作家關注的課題。為專著於臺北城市的討論，作家捨棄時間流觀察，而以切片、定點、定位的「空間研究」方式切入，更能出顯城市的特性。「空間研究」的理論源於城市學建築領域之中，目的是對城市空間的問題進行探討。傳統的文學研究多著重於時間書寫的研究之上，因論文則由較少研究的「空間書寫」研究切入，並採複合領域的研究理論為基礎，進行作家文學書寫的小說空間探討。希望由本論文研究，可以凸顯「空間書寫」之文學價值，為文學的書寫方向，提供不同的研究觀點。

（二）增補「臺北學」之研究材料

　　城市研究是近年來新興的研究課題，城市學是一門跨領域的研究，從歷史到建築，從人文到自然，再從政治經濟到環境生態，當然也包含文學在內。城市學的研究完備，可以使人們更加認識這座城市的歷史風貌與人文特色。每座城市都在致力於城市學的研究，是以鄰國日本的「東京學」遠近馳名。相較之下以臺北城市爲主的「臺北學」失色不少，李清志表示「關於臺北城市文化的研究與紀錄，顯得零散與貧乏」〔註1〕，具筆者第一章「文獻回顧」的整理歸納中亦可知，在「文學書寫」層面的研究上更是困乏。本論文整理歸納八、九○年代臺北城市「生活空間」的文學書寫材料與相關研究成果，冀望可以爲日後的相關研究者，提供文學方面的材料與線索可供查詢。

五、本論文研究之侷限與困難

　　本論文進行研究過程中，有遭遇下列的相關問題：

（一）人力不足研究有限

　　關注於八、九○年代臺北城市「生活空間」文學書寫的作家作品極多，筆者以一人之力難以進行全面的資料收集、研究與討論，各議題討論中雖列舉相關代表作家作品進行討論，但仍有許多遺珠之憾無法討論，甚爲可惜。

（二）研究文本取材不易

　　由於八、九○年代交通的進步，區域生活圈的概念已成。作家的生活移動不在只是侷限於臺北市，北北基桃成爲一日生活圈，作家將所聞所見的觀察書寫而下。然而小說內容是虛實交雜，還有對城市的變形描寫，故文本中呈現複合式的城市圖景，加之文本中也不一定明確指出臺北，以致研究文本取材不易。

六、未來展望

　　本論文取材以「小說」文學書寫爲本研究基礎，試圖透過作家所建構的故事觀照八、九○年代的臺北城市「生活空間」。然而文學的面向是多元的，在研究過程中發現同一範疇裡的「散文書寫」材料極多，從不同的創作手法

〔註1〕　李清志著：〈從東京學到臺北學〉收錄實踐大學建築設計學系主編：《臺北學》，頁17。

觀察進行研究，必有不同的成果。此外筆者也發現流行與通俗文學在八、九○年代對臺北城市文化的影響也極大，日後研究若由這些層面進行探討，必能更健全八、九○年代的臺北城市「生活空間」的文學書寫全貌，也勢必更能健全「臺北學」之研究領域。

引用書目

（依照作者筆畫順序排列）

一、研究文本

1. 七等生著：《我愛黑眼珠》臺北：遠景出版社，2003。
2. 王藍著：《藍與黑》臺北：九歌出版社，2015。
3. 王文華著：《蛋白質女孩》臺北：時報文化出版公司，2000。
4. 王幼華著：《王幼華集》臺北：前衛出版社，1992。
5. 王幼華著：《狂者的自白》臺中：晨星出版社，1985。
6. 王德威編：《微雨魂魄——三城記》第二輯・臺北卷上海：上海文藝出版社，2003。
7. 白先勇著：《臺北人》臺北：爾雅出版社，2013。
8. 白先勇著：《孽子》臺北：允晨文化公司，2001。
9. 白先勇著：《驀然回首》臺北：爾雅出版社，2003。
10. 朱天心著：《方舟上的日子》臺北：遠流出版公司，1993。
11. 朱天心著：《古都》臺北：印刻出版公司，2010。
12. 朱天心著：《朱天心作品集》卷6，臺北：聯合文學出版社，2001。
13. 朱天心著：《我記得……》臺北：三三書坊，1989。
14. 朱天心著：《想我眷村的兄弟們》，臺北：麥田出版公司，1997。
15. 朱天心著：《擊壤歌》臺北：聯合文學出版社，2001。
16. 朱天心著：《漫遊者》臺北：聯合文學出版社，2000。
17. 朱天文著：《世紀末的華麗》臺北：印刻出版公司，2008。
18. 朱天文著：《朱天文電影小說集》臺北：遠流出版公司，1991。
19. 朱天文著：《花憶前身》臺北：麥田出版公司，1996。

20. 朱天文著：《荒人手記》臺北：時報文化出版公司，1994。

21. 朱少麟著：《傷心咖啡店之歌》臺北：九歌出版社，2000。

22. 朱國珍著：《夜夜要喝長島冰茶的女人》臺北：聯合文學出版社，1997。

23. 米果著：《臺北捌玖零》臺北：啟動文化公司，2016。

24. 艾雯著：《漁港書簡》臺北：水芙蓉出版社，1983。

25. 東年著：《東年集》臺北：前衛出版社，1992。

26. 吳光庭著：《城市風格與建築形式》臺北：文建會，1994。

27. 吳明益著：《本日公休》臺北：九歌出版社，2003。

28. 吳明益著：《虎爺》臺北：九歌出版社，2003。

29. 吳明益著：《睡眠的航線》臺北：二魚文化，2007。

30. 吳明益著：《天橋下的魔術師》臺北：夏日出版社，2011。

31. 吳秋華主編：《臺北記憶》臺北：臺北市政府新聞處，1997。

32. 吳漫沙著：《韭菜花》臺北：前衛出版社，1998。

33. 李昂著：《北港香爐人人插》臺北：麥田出版公司，1997

34. 李昂著：《李昂集》臺北：前衛出版社，1992。

35. 李昂著：《迷園》臺北：貿騰發賣公司，1991。

36. 李渝著：《溫州街的故事》，臺北：洪範出版社，1991。

37. 李東明著：《永遠的北淡線》臺北：玉山社出版公司，2000。

38. 於梨華著：《又見棕櫚，又見棕櫚》臺北：停雲出版社，2015

39. 袁瓊瓊主編：《九十一年小說選》臺北：九歌出版社，2002。

40. 林海音著：《綠藻與鹹蛋》臺北：純文學出版社，1970。

41. 林燿德著：《大東區》臺北：聯合文學出版社，1995。

42. 林燿德著：《迷宮零件》臺北：聯合文學出版社，1993。

43. 林燿德著：《惡地形》臺北：希代書版公司，1988。

44. 林燿德著：《一座城市的身世》臺北：時報文化公司，1987。

45. 林燿德著：《鋼鐵蝴蝶》臺北：聯合文學出版社，1997。

46. 林燿德主編：《水晶圖騰》高雄：派色文化出版社，1980。

47. 侯文詠著：《白色巨塔》臺北：皇冠文化出版公司，2006

48. 柯裕棻著：《冰箱》臺北：聯合文學出版社，2005。

49. 胡晴舫著：《城市的憂鬱》臺北：八旗文化出版，2011。

50. 徐鍾珮著：《我在臺北及其它》臺北：重光文藝出版社，1986。

51. 桂文亞著：《金魚之舞》臺北：民生報出版社，1997。

52. 張大春著：《公寓導遊》臺北：時報文化出版公司，1989。

53. 張大春著：《張大春集》臺北：前衛出版社，1992。

54. 張大春著：《四喜憂國》臺北：遠流出版公司，1996。

55. 張曉風著：《曉風散文集》臺北：道聲出版社，1977

56. 郭箏著：《好個翹課天》臺北：遠流出版公司，1989。

57. 郭良蕙著：《臺北一九六〇》原名：《生活的窄門》臺北：時報文化出版公司，1991。

58. 陳雪著：《惡魔的女兒》臺北：聯合文學出版社，1999。

59. 陳映眞著：《陳映眞小說集（三）上班族的一日》臺北：人間出版社，2001。

60. 陳映眞著：《陳映眞小說集（六）（忠孝公園）》臺北：洪範書店，2006。

61. 陳映眞著：《陳映眞小說集（四）萬商帝君》臺北：人間出版社，1995。

62. 陳映眞著：《陳映眞小說集》臺北：洪範書店，2001。

63. 陳若曦、吳秋華主編《臺北記憶》臺北：臺北市政府新聞處，1997。

64. 陳虛谷、張慶堂、林越峰著：《陳虛谷、張慶堂、林越峰合集》臺北：前衛出版社，1991。

65. 琦君著：《三更有夢書當枕》臺北：爾雅出版社，1975。

66. 幾米著：《向左走 向右走》臺北：大塊文化出版公司，2008。

67. 舒國治著：《水城臺北》臺北：皇冠文化出版公司，2012。

68. 黃凡著：《大時代》，臺北：時報文化出版公司，1982。

69. 黃凡著：《東區連環泡》臺北：希代書版公司，1989。

70. 黃凡著：《財閥》臺北：希代書版公司，1990。

71. 黃凡著：《曼娜舞蹈教室》臺北：聯合文學出版社，1990。

72. 黃凡著：《黃凡小說精選集》臺北：聯合文學出版社，1998。

73. 黃凡著：《黃凡集》臺北：前衛出版社，1992。

74. 黃凡著：《慈悲的滋味》臺北：聯合報社，1984。

75. 黃凡著：《都市生活》臺北：聯經出版社，1987。

76. 黃凡著：《反對者》臺北：自立晚報社，1985。

77. 黃凡、林燿德合著：《解謎人》臺北：希代書版公司，1987。

78. 黃凡、林燿德主編：《新世代小說大系・都市卷》臺北：希代書版公司，1989。

79. 黃春明著：《兒子的大玩偶》臺北：皇冠文化出版公司，2000。

80. 黃春明著：《兒子的大玩偶》臺北：聯合文學出版社，2009。

81. 楊麗玲著：《艋舺戀花恰恰恰》臺北：九歌出版社，2011。

82. 舞鶴著：《十七歲之海》臺北：麥田出版公司，2002

83. 齊邦媛著：《千年之淚》臺北：爾雅出版社，1990。

84. 廖輝英著：《油麻菜籽》臺北：皇冠文化出版公司，2005。

85. 潘人木著：《漣漪表妹》臺北：爾雅出版社，2001。

86. 蔡素芬著：《臺北車站》臺北：聯經出版社，2000。

87. 蕭颯著：《少年阿辛》臺北：九歌出版社，1988。

88. 蔣勳著：《蔣勳精選集》臺北：九歌出版社，2002。

89. 蔣勳著：《日光夜景》臺北：聯經出版公司，1987

90. 蕭颯等著：《十一個女人》（臺北：爾雅出版社，1981。

91. 蕭麗紅著：《千江有水千江月》臺北：聯合報社，1992。

92. 蕭麗紅著：《白水湖春夢》臺北：聯經出版社，1997。

93. 駱以軍著：《月球姓氏》臺北：聯合文學出版社，1999。

94. 駱以軍著：《降生十二星座》臺北：時報文化出版公司，2005。

95. 駱以軍著：《臉之書》臺北：印刻出版公司，2012。

96. 駱以軍主編：《九十八年小說選》臺北：九歌出版社，2010。

97. 鍾梅音著：《我只追求一個「圓」》臺北：三民書局，1976。

98. 鐘文音著：《在河左岸》臺北：大田出版社，2003。

99. 蘇偉貞著：《陪他一段》臺北：洪範書店，1985。

100. 蘇誠修企劃總籌：《爛漫年代‧西門町：她的美麗妖嬈，他們的青春回憶》臺北：推守文化創意公司，2012。

二、專　書

（一）文學史、文學理論與文學批評

1. 王鼎鈞著：《文學江湖》臺北：爾雅出版社，2009。

2. 王德威著：《如何現代，怎樣文學？：十九、二十世紀中文小說新論‧一種逝去的文學？——反共小說新論》臺北：麥田出版公司，1998。

3. 王德威著：《想像中國的方法：歷史‧小說‧敘事》北京：生活‧讀書‧新知三聯書店，1998。

4. 王德威著：《眾聲喧嘩以後：點評當代中文小說》臺北：麥田出版公司，2001。

5. 王德威著：《閱讀當代小說》，臺北：遠流出版公司，1991。

6. 古繼堂著：《臺灣小說發展史》臺北：文史哲出版社，1996。

7. 白先勇等著:《現文因緣》臺北:天下文化出版公司,2008。

8. 托馬舍夫斯基著,方珊等譯:《俄國形式主義文論選》北京:生活・讀書・新知三聯書店,1992。

9. 李亦園編:《劇變與調適:一九八五臺灣文化批判》臺北:敦理出版社,1986。

10. 周英雄、劉紀蕙編:《書寫臺灣——文學史、後殖民與後現代》臺北:麥田出版公司,2000。

11. 林芳玫著:《解讀瓊瑤的愛情王國》臺北:臺灣商務印書館,2006。

12. 林燿德、孟樊合編:《世紀末偏航——八〇年代臺灣文學論》,臺北:時報文化出版公司,1990。

13. 林燿德著:《重組的星空》臺北:業強出版社,1991。

14. 帕特里莎・渥厄著,錢競、劉雁濱譯:《後設小說:自我意識小說的理論與實踐》臺北:駱駝出版社,1995。

15. 邱貴芬編:《日據以來臺灣女作家小說選讀》臺北:女書文化事業公司,2001。

16. 哈維著:《後現代的狀況——對文化變遷之緣起的探究》北京:商務印書館,2003。

17. 科林柯維支著,秦林芳譯:《作爲人造物的小說:當代小說中的空間形式》,北京:北京大學出社,1991。

18. 珍妮佛・哈汀著,林秀麗譯:《性與身體的解構》臺北:韋伯文化出版社,2000。

19. 范銘如著:《文學地理:臺灣小說的空間閱讀》臺北:麥田出版公司,2013。

20. 范銘如著:《眾裡尋她——臺灣女性小說縱論・臺灣新故鄉:五〇年代女性小說》臺北:麥田出版公司,2002。

21. 茅盾著:《茅盾文藝雜論集》上海:上海文藝出版社,1981

22. 徐明松,倪安宇著:《靜默的光,低吟的風:王大閎先生》臺北:遠景出版公司,2012。

23. 徐淑卿等著:《閱讀的所在》臺北:網路與書出版社,2005。

24. 郝譽翔著:《情慾世紀末——當代臺灣女性小說論》臺北:聯合文學出版公司,2002。

25. 張英進著,秦立彥譯:《中國現代文學與電影中的城市:空間、時間與性別構形》南京:江蘇人民出版社 2007。

26. 張瑞芬著:〈文學兩「鍾」書——徐鍾珮與鍾梅音散文的再評價〉收錄於李瑞騰編:《霜後的燦爛——林海音及其同輩女作家學術研討會論文集》臺南:國立文化資產保存研究中心籌備處,2003。

27. 許俊雅著：《臺灣文學論：從現代到當代》臺北：南天書局，1997。

28. 陳芳明著：《後殖民臺灣——文學史論及其周邊》臺北：麥田出版公司，2002。

29. 陳紀瀅著：《文藝運動二十五年》臺北：重光文藝出版社，1978。

30. 彭瑞金：《臺灣文學探索》臺北：前衛出版社，1995。

31. 彭瑞金著：《臺灣新文學運動四十年》臺北：春暉出版社，1997。

32. 曾秀萍著：《孤臣、孽子、臺北人——白先勇同志小說論》臺北：爾雅出版社，2003。

33. 葉石濤著：〈論陳映真小說的三個階段〉《陳映真作品集1》，臺北：人間出版社，1988。

34. 葉石濤著：《臺灣文學史綱》高雄：春暉出版社，1997 。

35. 實踐大學建築設計學系主編：《臺北學》臺北：馬可孛羅文化公司，2011。

36. 趙剛著：《求索：陳映真的文學之路》臺北：聯經出版公司，2011。

37. 劉心皇著：《現代中國文學史話‧第五卷：自由中國時代的文藝》臺北：正中書局，1971。

38. 劉亮雅著：《遲來的後殖民——再論解嚴以來臺灣小說》臺北：國立臺灣大學出版中心，2014。

39. 劉登翰著：《臺灣文學史》下冊福州：海峽文藝出版社，1993。

40. 樊洛平：《臺灣當代女性小說史論》臺北：臺灣商務印書館，2006。

41. 歐陽子著：《王謝堂前的燕子》臺北：爾雅出版社，1976。

42. 蔡小兵著：《國內目前暢銷書排行榜研究綜述》中國科技論文線上。

43. 蔡雅薰著：《從留學生到移民——臺灣旅美作家之小說析論》臺北：萬卷樓圖書公司，2001。

44. 蕭新煌主編：《變遷中臺灣社會的中產階級》臺北：巨流圖書公司，1990。

45. 謝康著：《賣淫制度與臺灣娼妓問題》臺北：大風，1972。

46. 鍾宜樺編：《文化進站——文化公民的 12 堂課》臺北：秀威資訊公司，2006。

47. 薩依德著，蔡源林譯：《文化與帝國主義》臺北：立緒文化事業有限公司，2000。

48. 羅秀美著：《文明‧廢墟‧後現代：臺灣都市文學簡史》臺南：國立臺灣文學館主編：《臺灣文學史長編25》，2013。

（二）城市學、空間理論

1. 王志弘譯：《都市社會學資本主義與現代性》臺北：譯者自行出版。

2. 王志弘著：《減速慢行》臺北：田園城市文化公司，1999。

3. 王志泓、徐苔玲譯：《遇見都市：理論與經驗》臺北：群學出版社，2007。

4. 包亞明著：《後現代性與地理學的政治》上海：上海教育出版社，2001。

5. 卡爾維諾著，王志弘譯：《看不見的城市》臺北：時報文化出版公司，1993。

6. 史溫伍德著，馮建三譯：《大眾文化的迷思》臺北：遠流出版公司，1993。

7. 克蕾兒・馬可斯著，徐詩思譯：《家屋，自我的一面鏡子》臺北：張老師文化事業公司，2000。

8. 吳光庭等著：《臺北大街風情》臺北：創興出版社，1993。

9. 季鐵男編：《建築現象學導論》臺北：桂冠圖書公司，1992。

10. 侯志仁主編：《反造成市：臺灣非典型都市規劃術》臺北：新北市左岸文化事業有限公司，2013。

11. 韋伯著，康樂、簡惠美譯：《非正當性的支配一城市的類型學》臺北：遠流出版社，1993。

12. 夏鑄九、王志弘編譯，《空間的文化形式與社會理論讀本》。臺北：明文書局，1993。

13. 索雅著，王志弘等合譯：《第三空間》臺北：桂冠圖書公司，2004。

14. 陳子弘著：《臺灣城市美學：在地覺醒的亞洲新風貌》臺北：木馬文化出版，2013。

15. 凱文・林區著，胡家璇譯：《城市的意象》臺北：遠流出版公司，2014。

16. 湯熙勇著：《臺北市地名與路街沿革史》臺北：臺北市文獻委員會，2002。

17. 葉肅科著：《芝加哥學派》臺北：遠流出版公司，1993。

18. 詹宏志著：《城市觀察》臺北：遠流出版公司，1990。

19. 劉舜仁等著：《臺灣七大經典車站建築圖集》臺北：行政院文化建設委員會，2001

20. 蔡青龍著：〈臺灣地區都市人口之成長與分佈〉收錄於《社會科學整合論文集》臺北：中央研究院三民主義研究所，1982。

21. 蘇賈著：《後現代地理學——重申批判社會理論中的空間》北京：商務印書館，2004。

（三）歷史社會文化、政經論述

1. （春秋）管仲著，李勉註譯：《管子今註今譯》臺北：臺灣商務印書館，1988。

2. （明）張岱著、馬興榮點校：《陶庵夢憶》臺北：漢京文化公司，2004。

3. 二十一世紀基金會研究報告著：《1988 年臺灣社會評估報告》臺北：二

十一世紀基金會，1990。

4. 丹尼爾‧貝爾 Daniel Bell 著，趙一凡、蒲隆、任曉晉譯：《資本主義的文化矛盾》臺北：桂冠出版，1989。

5. 田中一二著：《臺北市史》臺北：臺灣通信社，1931；臺北：成文出版社，1985 複印。

6. 行政院經濟建設委員會都市及住宅發展處編：《都市及區域發展統計彙編》臺北：三民書局，1980。

7. 李筱峰著：《臺灣史 100 件大事（下）》臺北：玉山社出版公司，1999。

8. 李筱峰著：《臺灣民主運動 40 年》臺北：自立晚報文化出版部，1987。

9. 亞里士多德著：《政治學》北京：北京出版社，2012。

10. 林美挪編：《憤怒的野百合：三一六中正堂學生靜坐記實》臺北：前衛出版社，1990。

11. 林桶法著：《1949 大撤退》臺北：聯經出版公司，2009。

12. 林嘉誠著：《社會變遷與社會運動》，臺北：黎明文化事業公司，1992。

13. 胡佛著：《政治學的科學探究（四）政治變遷與民主化》臺北：三民書局，1998。

14. 阿里夫‧德里克著，王寧等譯：《後革命氛圍》北京：中國社會科學出版社，1999。

15. 南方朔著：《中國自由主義的最後堡壘》臺北：四季出版社，1979。

16. 張小虹著：《慾望新地圖：性別‧同志學》臺北：聯合文學出版社，2000。

17. 張勝發著：《史達林與冷戰（1945～1953 年）》臺北：淑馨出版社，2000。

18. 康乃爾著，柳莉等譯：《男人的氣質》北京：社會科學文獻，2003。

19. 莫寄屏、林美容、李清澤合著：〈解嚴後臺灣文化的重構與再創造——由雙元觀點論省籍情結解決之道〉收錄於吳天泰編：《族群與社會》臺北：五南圖書出版公司，2006。

20. 陳志奇著：《美國對華政策三十年》臺北：中華日報社，1981。

21. 陳芳明著：《殖民地摩登：現代性與臺灣史觀‧三〇年代臺灣作家對現代性的追求與抗拒》臺北：麥田出版公司，2004。

22. 陳正祥著：〈村落‧鄉街‧都市〉收錄於《臺灣地誌（上冊）》臺北：南天書局，1993。

23. 曾健民主編：《清理與批判：人間思想與創作叢刊》臺北：人間出版社，1998。

24. 黃秀政、吳文星、張勝彥著：《臺灣史》臺北：五南圖書出版公司，2011。

25. 楊照著：《文學、社會與歷史想像》臺北：聯合文學出版社，1995。

26. 彭懷恩著:《臺灣政治變遷四十年》臺北:自立晚報社,1987。

27. 楊碧川著:《臺灣歷史辭典》臺北:前衛出版社,1997。

28. 楊澤主編:《狂飆八〇——紀錄一個集體發聲的年代》臺北:時報文化出版公司,1999。

29. 邁克‧克朗著,王志弘、余佳玲、方淑惠等譯:《文化地理學》臺北:巨流圖書公司,2003。

(四)其他

1. 布希亞 Baudrillard 著,林志明譯:《物體系》臺北:時報文化出版公司,1997。

2. 葉重新著:《教育研究法》臺北:心理出版社,2001。

3. 楊裕富、林萬福著:《後現代設計藝術》臺北:田園城市文化公司,2002。

4. 羅波,張莉紅著:《天理人欲》新竹:花神出版社,2004。

三、單篇論文

1. 水秉和著:〈全球化與全球化現象〉,《當代》第 133 期,1998.9。

2. 王志弘著:〈多重的辯證——列斐伏爾空間生產概念三元組演繹與引申〉,《地理學報》,第 55 期,2009。

3. 王拓著:〈是「現實主義」文學不是「鄉土文學」〉,《仙人掌》,第 2 期,1977.4。

4. 王明珂著:〈集體歷史記憶與族群認同〉,《當代》第 91 期,1993。

5. 王鈺婷著:〈多元敘述、意識型態與異質臺灣——以五〇年代女性散文集《漁港書簡》、《我在臺北及其他》、《風情畫》、《冷泉心影》為觀察對象〉,《臺灣文學研究學報》第 4 期,2007。

6. 朱西甯著:〈回歸何處?如何回歸?〉,《仙人掌》,第 2 期,1977.4。

7. 李鴻典著:〈戒嚴幽靈續頑抗——漫長抗爭換來民主〉收錄於《新臺灣新聞周刊》第 591 期,2007.7.19。

8. 柯塞,邱彭生譯:〈阿伯瓦克與集體記憶〉,《當代雜誌》第 91 期,1993。

9. 胡長松著:〈本土新世代作家專訪——訪吳明益〉,《台灣 e 文藝》第 2 期,2001.4。

10. 施淑著:〈迷園內外——評李昂的小說〉,《兩岸文學論集》臺北:新地出版社,1997。

11. 洪鵬程著:〈試論八〇年代臺灣後設小說的定位:以張大春《公寓導遊》與《四喜憂國》為分析對象〉《新竹教育大學人文社會學報》第 5 卷,第 1 期,2012.3。

12. 孫治本著：〈全球地方化、民族認同與文明衝突〉，《思與言》第 38 卷，第 1 期，2000.3。

13. 徐虹著：〈幾米以簡單撫慰都市病人〉，《中國青年報》，2002.4.16。

14. 高全之著：〈七等生的道德架構〉，《中外文學》第 42 期，1975.11。

15. 康旻杰著：〈集體無意識與文化完型：臺北原生地景與通屬地景的空間辯證〉，《臺北學國際學術研討會論文集：重訪臺北：隱喻想像與賦形蛻變》臺北：臺北市文化局，2006。

16. 張小虹著：〈城市是件花衣裳〉，《中外文學》第 34 卷，第 10 期，2006.3。

17. 張國立著：〈去中山北路尋找品格〉，《皇冠》第 600 期，2004.2。

18. 張琬貽著：〈流動的家園，幽魅的城市——試析鍾文音《在河左岸》的家族史書寫及空間建構〉，《疆界／將屆：2004 年文化研究學生學術研討會》新竹：交通大學社會與文化研究所，2004.12

19. 張耀仁著：〈寫自己的武俠——訪特異小說家郭箏〉收錄於《印刻文學生活誌》第 2 卷，第 6 期。

20. 曾永玲著：〈臺灣加蓋現象之文化探討與應用〉收錄於《2009 中華民國設計學會第 14 屆設計學術研究成果研討會論文集》臺北：中華民國設計學會，2009。

21. 梁明義、王文音著：〈臺灣半世紀以來快速經濟發展的回顧與省思〉收錄於林建甫編：《金融投資與經濟發展：紀念梁國樹教授第六屆學術研討會論文集》，2002。

22. 教育部秘書室編：《教育部公報》，第 21 卷，1976

23. 涼著：〈幻影的消滅〉，《南音》第 1 卷 5 號至 11 號，1932。

24. 郭沫若著：〈文學的本質〉，《學藝》第 7 卷，第 1 號，1925

25. 郭冠英著：〈消失的起跑線〉，《中國時報》，1992.10.31，副刊。

26. 陳平原著：〈「都市詩人」張岱的為人與為文〉，《文史哲》第 5 期，2003。

27. 彭歌著：〈不談人性，何有文學〉，《聯合報》聯合副刊，，1977.8.17。

28. 彭小妍著：〈新女性與上海都市文化——新感覺派研究〉《中國文哲研究集刊》第十期，1997。

29. 游美惠著：〈內容分析、文本分析與論述分析在社會研究的運用〉，《研究調查》第 8 期。

30. 黃克全著：〈管窺七等生及其〈我愛黑眼珠〉〉，《中國時報》海外版副刊，1977.2.2。

31. 楊照著：〈年少卻蒼老的聲音——評駱以軍的小說集《我們自夜闇的酒館離開》〉，《民眾日報》第 24 版，1994.1.29。

32. 楊照著：〈從「鄉土寫實」到「超越寫實」——八〇年代的臺灣小說〉，《夢

與灰燼——戰後文學史散論二集》臺北：聯合文學出版社，1998。

33. 楊凱麟著：〈時間中的被侮辱者與被損害者〉，《印刻文學生活誌》2005.12。

34. 葉珊著：〈致余光中書——代跋中外文學詩專號〉，《中外文學》第 3 卷，第 4 期，1974.6。

35. 葉石濤著：〈論七等生的《僵局》〉，《臺灣文藝》第 31 期，1971.4。

36. 葉穎達著：〈開在底層之下的野花〉，《艋舺龍山寺季刊》第 031 期，2016。

37. 廖素琴著：〈黃春明七〇年代城市小說之語言與文化探析〉，《朝陽人文社會學刊》第 7 期，第 1 卷。

38. 廖玉蕙著：〈生命裡的暫時停格：小說家郭松棻、李渝訪談錄〉，《聯合文學》19:9=225 期，2003.7。

39. 翟本瑞著：〈西方市民階級的源起及其意義：韋伯「城市論」的分析〉，《思與言》第 25 卷，第 2 期，1987.7。

40. 銀正雄著：〈墳地裡哪來的鐘聲？：從王拓的一篇小說談起，兼為「鄉土文學」把脈〉《仙人掌》，第 2 期，1977.4。

41. 劉紹銘著，張漢良中譯：〈現代中國小說之時間與現實觀念〉，《中外文學》第 14 期，1973.4。

42. 蔡振念著：〈漫遊與記憶——論朱天心的城市書寫〉，《臺灣文學研究學報》第 14 期。

43. 賴奕倫著：〈記憶的羊皮書卷——朱天心《古都》的臺北地景考略〉，《中國現代文學季刊》第 2、3 期合刊，2004.9。

44. 簡妙如著：〈審美現代性的轉向：兼論 80 年代台灣流行音樂的現代性寓言〉，《2003 文化研究學會年會》2003。

45. 嚴紀華著：〈臺北城的文學地景——從殖民都市到現代城市〉，《中國文化大學中文學報》第 24 期，2012.4。

46. 蘇偉貞著：〈租書店的女兒〉，《中國時報》人間副刊 E7 版，2008.2.3。

47. 龔立人著：〈第三空間〉，《曠野》，168 期，2010，頁 11～12。

四、學位論文

1. 王以婷著：《臺灣當代女性小說空間意涵之研究》臺北：中國文化大學中國文學研究所，2015。

2. 王國安著：《臺灣後現代小說的發展——從黃凡、平路、張大春與林燿德做文本觀察》高雄：國立中山大學中國文學系博士論文，2009。

3. 方婉禎著：《從城鄉到都市——八〇年代臺灣小說與都市論述》臺北：淡江大學中國文學系碩士論文，2001。

4. 呂芳斌著：《臺北市中華商場商業活動之研究》臺中：中興大學都市計劃研究所碩士論文，1985。

5. 呂慧君著：《臺灣網路小說之呈現與發展》彰化：國立彰化師範大學國文學系碩士論文，2008。

6. 李婉玲著：《林燿德散文研究》新竹：玄奘大學中國語文學系碩士論文，2005。

7. 李建民著：《八○年代臺灣小說中的都市意象──以臺北爲例》臺北：臺北市立師範學院應用語文學所碩士論文，2000。

8. 金儒農著：《九○年代臺灣都市小說中的空間敘事》嘉義：國立中正大學臺灣文學研究所碩士論文，2008。

9. 徐秀慧著：《戰後初期臺灣的文化場域與文學思潮的考察 1945～1949》新竹：國立清華大學中國文學系博士論文，2004。

10. 徐佳君著：《都市空間規劃與生活方式之研究》臺北：國立政治大學地政研究所碩士論文，2008。

11. 高湘茹著：《吳明益作品研究》臺北：臺灣師範大學國文學系碩士論文，2008。

12. 張茵婷著：《女居城市的私寓與私慾──論鍾文音 90 年代以降的城市書寫》臺南：國立成功大學中國文學系碩士論文，2010。

13. 許珮馨著：《五○年代遷臺女作家散文研究》臺北：臺灣師範大學國文研究所博士論文，2006。

14. 陳雅潔著：《玄小佛小說研究》臺中：逢甲大學中國文學所碩士論文，2009。

15. 黃怡婷著：《八○年代以降臺灣公寓書寫之研究》臺南：國立成功大學臺灣文學研究所碩士論文，2009。

16. 黃自鴻著：《臺灣都市小說的空間黃凡、林燿德、朱天文、朱天心作品研究》香港：香港大學哲學系博士論文，2006。

17. 陳明成著：《陳芳明現象及其國族認同研究》臺南：國立成功大學歷史學研究所碩士論文，2002。

18. 林秀姿著：《重讀 1970 以後的臺北──文學再現與臺北東區》臺北：國立臺灣大學建築與城鄉研究所博士論文，2002。

19. 翁柏川著：《「鄉愁」主題在臺灣文學史的變遷──以解嚴後 1987 年～2001 年返鄉書寫爲討論核心》新竹：國立清華大學臺灣文學研究所碩士論文，2006。

20. 彭待傳著：《時間・空間・臺北城──從《臺北人》與《孽子》看白先勇小說裡身分認同與時空的關性》臺北：華梵大學東方人文思想研究所碩士論文，2004。

21. 葉集凱著：《蔣經國晚年政治改革的背景 1975～1988》第三章第四節「黨政變革的突破」桃園：國立中央大學歷史研究所碩士論文，2007。

22. 鄧宗德著：《八〇年代臺北市支配性都市地景形成之研究》臺北：臺灣大學建築與城鄉研究所碩士論文，1991。

23. 謝家銘著：《屋頂上的「家」——以臺北縣市公寓「頂樓加建」的居住空間作爲人與空間關係研究》中壢：中原大學建築學系碩士學位論文，2005。

24. 蘇佳韻著：《朱天心作品中文心的一致性》臺北：國立政治大學國文教學碩士論文，2013。

五、網路資料

1. 「Sites of Memory」記憶的場所。上網日期：2014.4.5 網址：https://tspace.library.utoronto.ca/citd/holtorf/2.6.html

2. MBA 智庫百科　上網時間：2016 11.1 網址：http://wiki.mbalib.com/zh-tw/%E7%AC%AC%E4%B8%80%E6%AC%A1%E7%9F%B3%E6%B2%B9%E5%8D%B1%E6%9C%BA%E5%8D%B1%E6%9C%BA

3. 中國建築藝術：官式建築　上網日期：2015.8.20　網址：http://hk. chiculture. net/0514/html/0514c07/0514c07.html

4. 封德屛編：《2007 臺灣作家作品目錄》上網日期：2015.7.1～8.30　網址：http://www3.nmtl.gov.tw/Writer2/writer_detail.php?id=1581

5. 暨南大學「臺灣作家作品檢索系統」上網日期：2015.7.1～9.30　網址：http://hermes.library.ncnu.edu.tw/ncnuc/ncnukm